Otto Buchegger · Die Kunst der Klugheit

Otto Buchegger

Die Kunst der Klugheit

Lebensweisheiten nach Baltasar Gracián
zu neuem Leben erweckt

Die Deutsche Bibliothek - CIP-Einheitsaufnahme

> **Gracián, Baltasar:**
> Die Kunst der Klugheit : Lebensweisheiten nach
> Baltasar Gracián zu neuem Leben erweckt / Otto Buchegger.
> - Wiesbaden : Gabler, 1997
> Einheitssacht.: Oráculo manual y arte de prudencia <dt.>
> NE: Buchegger, Otto [Bearb.]

Der Gabler Verlag ist ein Unternehmen der Bertelsmann Fachinformation.
© Betriebswirtschaftlicher Verlag Dr. Th. Gabler GmbH, Wiesbaden 1997
Lektorat: Ulrike M. Vetter
Softcover reprint of the hardcover 1st edition 1997

Das Werk einschließlich aller seiner Teile ist urheberrechtlich geschützt. Jede Verwertung außerhalb der engen Grenzen des Urheberrechtsgesetzes ist ohne Zustimmung des Verlages unzulässig und strafbar. Das gilt insbesondere für Vervielfältigungen, Übersetzungen, Mikroverfilmungen und die Einspeicherung und Verarbeitung in elektronischen Systemen.

Höchste inhaltliche und technische Qualität unserer Produkte ist unser Ziel. Bei der Produktion und Auslieferung unserer Bücher wollen wir die Umwelt schonen: Dieses Buch ist auf säurefreiem und chlorfrei gebleichtem Papier gedruckt.

Die Wiedergabe von Gebrauchsnamen, Handelsnamen, Warenbezeichnungen usw. in diesem Werk berechtigt auch ohne besondere Kennzeichnung nicht zu der Annahme, daß solche Namen im Sinne der Warenzeichen- und Markenschutz-Gesetzgebung als frei zu betrachten wären und daher von jedermann benutzt werden dürften.

ISBN-13:978-3-322-82814-9   e-ISBN-13:978-3-322-82813-2
DOI: 10.1007/978-3-322-82813-2

Wichtige Hinweise

Es gibt viele Ratgeber für das Leben. Die in diesem Buch aufgenommen Regeln, Ratschläge und Erkenntnisse haben den Vorteil, daß sie nicht für Engel und Heilige gemacht wurden, sondern für normale Menschen in einer sehr realen Umwelt.

Ein (*) nach dem Titel weist auf die Notwendigkeit der kontrollierten und vorsichtigen Anwendung der Regel hin. Ein Übermaß davon wird dir nicht gut tun, aber die dosierte Anwendung wird dich vor viel Schaden bewahren.

Die Hinweise sind als Tips zu verstehen, sie sind ohne Gewähr für Erfolg und Richtigkeit. Letzten Endes handelt jeder aus eigenem Ermessen und auf seine eigene Verantwortung.

Den größten Nutzen ziehst du aus diesem Buch, indem du immer wieder kurze Abschnitte daraus liest und über sie nachdenkst. Oder indem du das Buch als Orakel benutzt. Jede Zahl zwischen 1 und 300 führt dich zu einem interessanten Gedanken.

Ich bedanke mich bei meiner Familie für die Unterstützung bei dieser Arbeit. Dem Drängen meiner Kinder verdanke ich es, daß ich mit der Übertragung begonnen habe.

Frau Christa Hermann aus Tübingen und Herr Dr. Lothar Klein aus Gärtringen sowie Frau Ulrike M. Vetter vom Gabler Verlag haben mir sehr geholfen, das Buch in der vorliegenden Form zu gestalten.

1 Wende die Regeln der Klugheit an.

Jede Zeit hat ihre speziellen Schwierigkeiten und Lösungsansätze. Unsere Welt ist kleiner, aber viel komplexer geworden. Klug zu sein ist heute schwieriger als früher. Aber es gibt viel Klugheit, die alle Zeiten überdauern kann. Die Regeln der Klugheit warten nur darauf, daß du sie anwendest.

2 Entscheide mit Verstand und Gefühl.

Verstand und Gefühl sind die beiden Säulen unseres Handelns. Beide müssen gut zusammenwirken, sollen wir glücklich werden. Auch viel Verstand - ohne Herz - reicht nicht aus. Und auch Gefühlsentscheidungen wollen wohl überlegt sein. Wenn Verstand und Gefühl nicht harmonieren, dann wird vor allem falsch ausgewählt: beim Beruf, dem Wertesystem, dem Lebensort, sowie bei Partnern, Freunden und persönlichen Kontakten.

3 Schweigen, Vertrauen, Geheimnisse.

Schweigen ist der Klugheit Heiligtum. Offenheit schafft Vertrauen. Die richtige Balance zwischen beiden ist notwendig. Wer zuviel redet, vor allem zuviel ankündigt, das er dann doch nicht hält, verliert das Vertrauen. Was du versprichst, das mußt du auch halten können. Rede in der Öffentlichkeit weniger über Absichten, mehr über Ergebnisse. Geheimnisse würzen das Leben und machen es bunt. Überraschungen schaffen Aufmerksamkeit. Für freudige Überraschungen ist jeder dankbar.

4 Wissen und Können.

Wissen und Können machen unsterblich, weil sie selbst es sind. Wissen schafft Größe und ist die Grundlage erfolgreichen Handelns. Wissen wirkt nur durch Handeln. Du siehst nur, was du weißt. Können bedarf der Anwendung und Übung des Wissens.

5 Verlasse dich nicht auf die Dankbarkeit.

Auf Hoffnung ist mehr Verlaß als auf Dankbarkeit. Der Kluge zieht Abhängige den Dankbaren vor. Ist ein Bedürfnis befriedigt, dann ist es fast schon vergessen. Mit der Befriedigung hört ein Verhältnis auf und damit die Verehrung. Du bist nur dann notwendig, wenn du immer wieder Nutzen bringst. Aber füge niemanden Schaden zu, nur damit du diesen beheben kannst.

6 Strebe nach Vollkommenheit.

Niemand wird fertig geboren, aber Vollkommenheit ist für jeden ein erstrebenswertes Ziel. Nur wer sich täglich verbessert, kommt diesem Ziel näher. Du brauchst Zeit, um zur Reife zur kommen. Wer von den Wissenden um seine Meinung gefragt wird, ist weise in seinen Reden, klug in seinen Taten, rein in seinem Willen und erhaben in seinem Geschmack.

7 Besiege nicht deinen Chef.

Der Verlierer liebt nie seinen Besieger. Dein Chef wird dich hassen, wenn du ihn besiegst oder übertriffst.

Wenn du besser als der Chef bist, dann verhülle diskret den Erfolg. Du darfst mehr Glück und Humor zeigen, aber nie mehr Verstand. Chefs wollen, daß man ihnen hilft, doch sie wollen nicht, daß man sie übertrifft. Wenn du deinem Chef einen Rat gibst, dann laß es so aussehen, als wäre es sein eigener gewesen, an den du ihn erinnert hast.

8 Sei leidenschaftslos.

Die herrlichste Herrschaft ist die über sich selbst und seine Leidenschaften. Darin liegt der wahre Triumph des freien Willens. Wenn doch Leidenschaften sich deiner bemächtigen, so lasse sie wenigstens nicht deine Position und deinen Beruf beeinflussen. Damit ersparst du dir Schwierigkeiten und festigst dein Ansehen. Eine strenge Trennung deiner Berufs- und Privatgeschäfte wird dir dabei hilfreich sein.

9 Meide die Fehler deines Volkes.

Jedes Volk, jede Nation, jeder Kulturkreis, jeder Beruf, jede Familie hat Eigenheiten, die von Nichtangehörigen oder Nachbarn als Fehler angesehen werden. Auch du wirst beeinflußt von dem Ort und dem Klima, in dem du geboren und aufgewachsen bist. Es ist klug, diese Fehler, seien es auch nur Vorurteile, an sich zu verbessern oder wenigstens zu verbergen. Dies gibt dir einen Ruf, herausragend zu sein, denn was man am wenigsten erwartet, wird am höchsten geschätzt. Du wirst diese Fehler und Vorurteile dann am besten kennenlernen, wenn du reist und offen bist für die Meinungen, die dir entgegengebracht werden.

10 Glück und Ruhm.

Glück ist unbeständig, Ruhm ist dauerhaft. Vom Glück hast du schon im Leben, vom Ruhm erst nach dem Tode. Glück widersteht dem Neid, Ruhm widersteht der Vergessenheit. Glück wird gewünscht, Ruhm erworben. Der Ruf, den du hast, ist stets extrem, entweder zu gut oder zu schlecht.

11 Suche dir Menschen, von denen du lernen kannst.

Beim Umgang mit klugen Menschen wird der Alltag zur hohen Schule des Wissens und Handelns. Freunde als Lehrer sind ein Geschenk des Himmels. Gebildete bereiten einander ein wechselseitiges Vergnügen im Lernen. Die Rede wird durch Beifall, das Zuhören durch Lernen belohnt. Im Wettstreit macht das Lernen besonders Spaß. Die beste Schule bieten das Vorbild oder das Beispiel. Du wirst von *einem* Menschen nicht alles lernen können. Es bedarf der Vielfalt der Kontakte, um klug zu werden.

12 Natur und Kunst.

Perfektion ohne Kunst ist ohne Seele. Kunst kann geben, was die Natur nicht mehr zu geben vermag. Natur ohne Kunst ist roh, Menschen ohne Bildung sind Barbaren.

13 Mit List gegen die Bosheit.*

Menschen müssen oft gegen die Bosheit ihrer Mitmenschen kämpfen. Die Listen gegen die Bosheit sind vielfältig:
- Laß deine Absichten und Gefühle nicht erkennen.
- Tue nie das, was du vorgibst zu tun.
- Wende die Gedanken des Gegners auf die eine Seite, handle auf der anderen Seite.

Gehe nicht auf vordergründige Absichten ein, sondern versuche, die versteckten und wahren Absichten zu finden. Wer sich in seiner List durchschaut sieht, versucht auch mit der Wahrheit zu täuschen.

14 Gutes Benehmen macht dein Leben leichter.

Das Wesentliche der Dinge ist nicht ausreichend, auch die begleitenden Umstände sind wichtig. Die Verpackung kann mehr bewirken als der Inhalt. Eine schlechte Art verdirbt alles, sogar Recht und Vernunft. Eine gute Art kann alles ersetzen, vergoldet das Nein, versüßt die Bitterkeit der Wahrheit und nimmt selbst dem Alter die Falten. Ein höfliches, zuvorkommendes Betragen bezaubert die Gemüter und ist ein Schmuck des Lebens. Ein artiges Benehmen ist der Taschendieb des Herzens.

15 Suche dir die richtigen Berater.

Es ist ein großes Glück, gute Berater zu haben. Deine Berater sollst du sorgfältig auswählen. Dabei achte vor allem auf deren Kompetenz und Loyalität, weniger auf das Image, das sie dir bringen. Das Wissen ist zu groß für ein einzelnes, kurzes Menschenleben. Wenn du viele Gelehrte zu Rate ziehst, erscheinst du selbst als Wissender. Wenn du es dir nicht leisten kannst, selbst Berater zu engagieren, dann nutze wenigstens ihre Werke, zum Beispiel Bücher und Vorträge.

16   Wissen und Absicht.

Wissen und gute Absichten zusammen bürgen für ein gutes Gelingen. Wissen mit böser Absicht macht aus Menschen Ungeheuer. Kluge Kriminelle verursachen die größten Übel. Wissenschaft ohne gute Absicht ist Wahnsinn. Hüte dich vor Menschen, die intelligent und bösartig sind.

17   Verwirre durch Abwechslung.*

Wenn du immer alles auf die gleiche Weise machst, haben es deine Gegner leicht, dir zuvorzukommen. Es ist leicht, den Vogel zu treffen, der geradeaus fliegt, aber schwierig, den zu treffen, der keine Regeln einhält. Lauert viel Gefahr auf dich, darfst du eine List nicht zweimal anwenden. Der kluge Spieler spielt nicht die Karte aus, die der Gegner erwartet, aber noch weniger jene, die der Gegner wünscht.

18   Fleiß und Geist.

Der fleißige Mittelmäßige bringt es weiter als der Faule mit den herrlichsten Talenten. Nur Mühe bringt Ehre. Was wenig kostet, ist auch wenig wert. Erfolg ist ein Prozent Inspiration und 99 Prozent Transpiration. Es ist löblicher, auf einem hohen Posten mittelmäßig zu sein, als auf einem niederen ausgezeichnet. Aber es ist unentschuldbar, auf dem untersten Posten mittelmäßig zu sein, wenn man auf dem obersten ausgezeichnet sein könnte. Dumme Fleißige ruinieren jede Firma und Organisation. Kluge und etwas faule Menschen sind gute Führungskräfte. Wer sehr nett ist, darf auch ein bißchen faul sein.

19 Übermäßige Erwartungen sind unerfüllbar.

Übermäßige positive Erwartungen sind nie erfüllbar. Setze alles daran, daß du nicht Opfer solcher Erwartungen wirst. Die Wirklichkeit kommt nie der guten Idee gleich. Das Vollkommene zu denken ist leichter, als es zu verwirklichen. Die Hoffnung ist eine große Verfälscherin der Wahrheit. Der Kluge sorgt dafür, daß der Genuß die guten Erwartungen übertrifft und der Schaden kleiner ausfällt als die schlechten Erwartungen. Negative Erwartungen werden gerne von der Wirklichkeit grausam übertroffen.

20 Alles hat seine günstigste Zeit.

Alles hat seine günstigste Zeit. Sogar das Erhabenste ist der Mode unterworfen. Nur der Weise hat den Trost, unsterblich zu sein. Wenn nicht dieses sein Jahrhundert ist, so werden es andere sein. Nutze die Gunst der Zeit. Viele Menschen hätten eine andere Zeit verdient, denn nicht immer regiert das Gute.

21 Gewinne dein Glück.

Selbst das Glück hat seine Regeln, es ist nicht alles Zufall. Der Weise kann seinem Glück nachhelfen. Begnüge dich nicht damit, auf das Glück zu warten, sondern gewinne es durch Mut, Kühnheit und Ausdauer. Wirkliche Klugheit ist die beste Quelle für das Glück, so wie Unklugheit die Ursache des meisten Unglücks ist.

22 Praktisches Wissen und Humor sind wichtig.

Mehr als alle Wissenschaft hat oft die Praxis Menschen geholfen: die gute Kenntnis der Geschäfte, ein Witz zur rechten Zeit, sich bei seinen Mitmenschen beliebt machen können. Ein Rat in humorvoller Form wirkt besser als die ernsteste Belehrung. Die eigene kluge Beobachtung kann mehr wert sein als ganze Bibliotheken. Nichts ist praktischer als die passende Theorie.

23 Verwandle deine Schwächen in Vorteile.

Alle Eigenschaften haben ihre Vor- und Nachteile. Nur ganz wenige Menschen sind makellos. Eine kleine Wolke kann die ganze Sonne zu verdecken. Rühme dich nicht der Fehler, die du leicht ändern kannst. Wandle Schwächen, die nicht zu verändern sind, in Zierden um, so wie Cäsar seine Glatze mit dem Lorbeerkranz bedeckt hat. Was in einem Umfeld eine Schwäche ist, kann in einem anderen ein großer Vorteil sein. Du kannst nur dann deine Fehler ablegen, wenn du dich zu ihnen bekennst. Die beste Ausgangsbasis für Veränderungen ist, dich so anzunehmen, wie du wirklich bist.

24 Laß dich nicht von Illusionen beherrschen.

Illusionen müssen von deiner Vernunft zähmbar sein, sonst machen sie dich vielleicht unglücklich. Illusionen werden leicht zum Tyrannen. Aber manche Illusionen können dir auch großes Glück bringen, wenn sie deine positiven Gedanken beflügeln. Besser als Illusionen sind Visionen, die du an die Wirklichkeit anzupassen verstehst.

25 Höre aufmerksam zu.

Es genügt nicht, reden zu können, zuhören ist sehr wichtig. Du mußt den Reden auf den Grund gehen, willst du nicht getäuscht werden. Die wichtigsten Wahrheiten werden dir nur halb gesagt. Suche nach dem wahren Sinn; sei nicht leichtgläubig, wenn dir Vorteile angeboten werden, aber laß deiner Phantasie freien Lauf bei dem, was du eigentlich nicht hören willst. Aufmerksam zuhören heißt genau zu lernen, was dein Partner denkt, fühlt, was ihm wichtig ist, was die Vorteile in seinem Vorschlag sind, und herauszufinden, was er dir eigentlich sagen will. Die Menschen, die dir am nächsten stehen, sagen dir am wenigsten die Wahrheit.

26 Finde die Leidenschaften eines jeden.*

Willst du Menschen motivieren, mußt du herausfinden, was sie wirklich bewegt. Jeder Mensch hat seine individuellen Stellen, an denen man leicht in sein Inneres dringen kann. Die Menschen sind aber verschieden. Jeder will auf seine Weise verführt werden, jeder ist auf seine Art zu begeistern, die Kunst besteht darin, diese Art zu finden. Die Schwächen eines Menschen sind der Schlüssel zu seinem Willen. Meist ist das Niedrigste in der Natur eines Menschen sein größter Angriffspunkt. Willst du den Willen eines Menschen besiegen, dann mußt du seinen wahren Charakter erkennen, mit ihm engen Kontakt aufnehmen und ihn dann an seiner stärksten Leidenschaft angreifen. Die Hobbys eines Menschen sagen dir viel über seine Leidenschaften.

27 Qualität und Quantität.

Die Vollkommenheit besteht nicht in der Quantität, sondern in der Qualität. Das Beste ist immer zu selten und zu wenig. Nur das Rare wird geschätzt. Was es im Überfluß gibt, ist nichts wert. Wer überall zu Hause ist, wird es nirgendwo sein. Umfangreiche Bücher sind gut für das Muskeltraining, weniger für das Gehirntraining. Es ist schwieriger, gute kurze Beiträge zu schreiben als lange. In der Geschichte hat oft die große Zahl mehr bewirkt als der große Geist. Quantität und Qualität sind in der Praxis nicht unabhängig voneinander.

28 Ergötze dich nicht am Beifall der Menge.*

Sei mißtrauisch, wenn deine Ansichten allen gefallen. Der Kluge ergötzt sich nicht am Beifall der Menge. Der Beifall der Menge ist ein verderbliches Gut, er hält nicht lange. Laß dich nicht hinreißen, wenn die Menge dich zum Himmel erhebt. Während die allgemeine Dummheit leicht ausgenutzt werden kann, deckt der Verstand von Einzelnen den falschen Schein auf. Die Meinung der Menge ist aber ernst zu nehmen.

29 Ehrlichkeit und Klugheit.*

Kluge Menschen versuchen, ihren Vorteil mit ihrem Gewissen in Einklang zu bringen. Ehrenmenschen dagegen sind lieber standhaft ehrlich als klug und flexibel. Sie verharren auch zu ihrem Nachteil auf der Meinung, die sie als ehrlich und richtig ansehen. Aber bei sehr komplizierten Situationen oder Problemen gibt es keine einzige Wahrheit oder Lösung. Du wirst dich dann entscheiden müssen, ob du ehrlich bleibst oder aber besser klug handelst.

30 Rühme dich nicht geheimer Künste.

Vielleicht wirst du berühmt damit, aber auf jeden Fall wirst du verhöhnt und verachtet. Wer nicht ausgelacht werden will, hält sich von geheimen Künsten fern. Es gibt immer Leute, die nach dem greifen, was andere verworfen haben. Hüte dich, als Weiser aufzutreten. Es gibt immer mehr Fragen als Antworten. Ein Meister hat besonders große Verantwortung für seine Bekenntnisse, weil er damit seine Anhänger mit ins Verderben reißen kann.

31 Die Glücklichen und die Unglücklichen.*

Suche die Glücklichen, fliehe die Unglücklichen. Unglück, das der Dummheit entspringt, ist ansteckender als die Pest. Öffnest du einem kleinen Übel die Tür, so werden stets andere und größere folgen. Früher oder später haben die Klugen immer Glück.

32 Großzügigkeit schafft dir Ansehen.

Großzügigkeit schafft Ansehen, ist aber nicht ganz billig. Die wahren Freunde werden durch Freundschaft erworben. Ein wesentlicher Vorteil von Macht ist, daß der Mächtige mehr helfen kann als andere. Wer Gefälligkeiten erweisen kann, schafft oder festigt seinen Führungsanspruch und erlangt das allgemeine Wohlwollen. Die Bösartigen helfen auch dann nicht, wenn sie die Hilfe nichts kostet.

33 Lerne klug nein zu sagen.

Noch schwerer und wichtiger als Vergünstigungen zu versagen ist es, seine Mitarbeit zu versagen. Es gibt viele, die dir mit ihren Anliegen deine Zeit stehlen wollen. Bist du nur noch für die anderen da, dann gehörst du nicht mehr dir selbst. So wirst du viel Zeit gewinnen, wenn du nein sagen kannst. Erweise keine Gefälligkeiten, die du nicht gerne tust. Gehe deinen Mitmenschen nicht auf die Nerven. Verlange nur von Freunden, was diese dir gerne erweisen. Unmaß zerstört alles Wohlwollen. Besser nichts tun, als das Falsche tun.

34 Fördere deine Talente.

Fördere vor allem deine Talente, das, was du am besten kannst. Kenne deine Gaben und erweitere sie nach besten Kräften. Die meisten Menschen tun zu sehr das, was andere von ihnen wollen. Du merkst es zu spät, wenn du verblendet das Falsche machst. Jeder wäre in irgendetwas ausgezeichnet geworden, hätte er seine Vorzüge rechtzeitig erkannt und gefördert.

35 Denke am meisten über das Wichtigste nach.

Die Dummen gehen zugrunde, weil sie nicht genügend nachdenken. Sie sehen in den Dingen nie auch nur die Hälfte von dem, was da ist. Wer Nutzen und Schaden nicht abwägen kann, legt zuviel Wert auf Nebensächlichkeiten. Viele verlieren den Verstand nur deshalb nicht, weil sie keinen haben. Denke am meisten über das nach, was dir wirklich wichtig ist.

36 Nutze die Gunst der glücklichen Stunde.

Richte deine Segel nach dem Winde des Glücks. Warte, wenn es windstill ist, und nutze die Veränderungen des Windes optimal aus, indem du auch deine Segelstellung änderst. Wem das Glück hold ist, der höre nicht auf, um weitere Gunst zu buhlen. Das Glück bevorzugt die Kühnen und damit die Jungen. Wer aber Unglück hat, tue für kurze Zeit nichts mehr, sondern ziehe sich zurück, sonst kommt zu einem Unglück nur ein anderes.

37 Lerne mit Beleidigungen umzugehen.

Beleidigungen sind Prüfungen, auf die man sich einstellen kann. Auch Worte können töten und wenige Sätze Großes vernichten. Manche Beleidigungen ehren dich. Beleidigungen, die du erwartet hast, treffen dich kaum. Du mußt nicht jede Beleidigung akzeptieren, aber bei jeder Beleidigung den tieferen Grund erforschen. Halte keine saloppen Reden vor großem oder feindlichem Publikum, die Gefahr ist groß, daß du damit jemanden beleidigst.

38 Mäßige dich im Glück.

Ein guter Rückzug ist schwerer als ein schöner Angriff. Höre auf, wenn du genug gewonnen hast. Überlege dir, bevor du spielst, wieviel genug ist. Ein lange anhaltendes Glück ist unwahrscheinlich. Sichere einen Teil deines Erfolges, bevor du den Rest aufs Spiel setzst. Ein bißchen Bitterkeit macht jede Süße schmackhafter. Das Glück wird müde, stets denselben Menschen zu tragen.

39 Erkenne die Reife.

Nur reife Früchte kannst du genießen. In der Natur kommt nach der Reife das Welken, lediglich in der Kunst sind die meisten Werke noch verbesserungsfähig. Wenn die kurze Reifezeit vorbei ist, dann ist es schnell zu spät. Der gute Geschmack kennt die Zeit und die Anzeichen der Reife. Denn wer zu spät kommt, den bestraft das Leben.

40 Versuche bei allen beliebt zu sein.

Es ist besser, von allen geliebt als von allen bewundert zu werden. Sich beliebt zu machen ist ein Talent, aber auch harte Arbeit. Wer die Meinung gewonnen hat, wird auch die Zuneigung gewinnen. Man erwirbt Wohlwollen durch Wohltaten: mit beiden Händen Gutes tun, schöne Worte finden und schöne Taten ausführen. Die Höflichkeit ist die wichtigste politische Zauberei der Großen. Beliebt kann nur werden, wer auch die Medien hinter sich hat.

41 Übertreibe nicht.

Jeder hört gerne Schmeicheleien. Aber der Superlativ ist kein Freund der Wahrheit oder der Klugheit. Übertriebenes Lob mindert den Wert des Lobes. Wer übertreibt, hat entweder schwachen Verstand oder schlechten Geschmack. Falsches Lob macht den Schmeichler und den Geschmeichelten lächerlich. Es ist besser, weniger zu loben als zuviel. Aber es kann nicht genug Lob geben, wenn es ehrlich ist. Die ganz außerordentlichen Leistungen und Dinge sind sehr selten, also gib nicht zu oft die Höchstnoten.

42 Natürliche Autorität.

Überlegenheit kommt aus dem Naturell, nicht aus Schauspielerei oder Täuschung. Natürlicher Autorität unterwerfen sich die Menschen, ohne zu wissen warum und wie. Den Menschen, denen entweder durch Herkunft oder durch Leistungen Respekt entgegen gebracht wird, wächst diese Autorität im Laufe der Zeit zu. Natürliche Autorität wirkt auch in der Sauna, sie ist nicht von Kleidung oder Insignien abhängig.

43 Rede wie das Volk, denke wie die Weisen.*

Wer gegen die allgemeine Meinung redet, verändert diese nicht, aber er bringt sich dabei leicht in Gefahr. Widerspruch wird nicht gerne gehört, weil er das Urteil der vielen anderen verdammt. Dies wird als Beleidigung empfunden. Die Wahrheit wollen die wenigsten hören, die Mehrheit liebt falsche Meinungen. Man soll den Weisen nicht nach dem allein beurteilen, was er in der Öffentlichkeit sagt. Er denkt vielleicht in seinem Inneren ganz anders. Wer anders als die Menge denkt, zieht sich am besten schweigend zurück. Wer dennoch eine Minderheitenmeinung mitteilt, tut dies am besten unter Gleichgesinnten und auf jeden Fall im engen Kreise.

44 Die Sympathie zwischen großen Menschen.

Große Menschen respektieren einander, und sie sind oft einer Meinung. Auf Respekt folgt Wohlwollen, darauf Zuneigung. Eine solche Sympathie überzeugt ohne Rede, gewährt ohne Bitte, erlangt ohne Verdienst. Es ist eine große Kunst, diese Beziehungen zu erkennen und auch zu nutzen.

45 Handle überlegen und schlau.*

Von der Klugheit sollst du viel Gebrauch, aber keinen Mißbrauch machen. Sei schlau im Handeln, aber rede nicht groß darüber und gib damit nicht an. Sei sehr vorsichtig, wenn du jemanden verdächtigst. Es ist gut, gegen den Betrug die Wachsamkeit zu verdoppeln, aber ohne es merken zu lassen. Wer mißtrauisch ist, kränkt den anderen, fordert zu Rache und Widerstand auf und animiert zu Gegenreaktionen, an die der andere vielleicht vorher gar nicht gedacht hat. Der tüchtige und kluge Mensch überlegt, bevor er handelt. Je mehr du weißt und übst, umso sicherer und meisterlicher wird dein Gelingen sein.

46 Bändige deinen Haß und deine Vorurteile.

Manchmal haßt du Menschen ohne eigentlichen Grund, ohne sie genau zu kennen. Haß setzt dich herab. Es ist klug, solche Vorurteile zu überwinden. Vielleicht haßt du sonst jemanden, der eigentlich deine Liebe verdient.

47 Meide Verpflichtungen und Streit.

Es ist oft schwieriger als erwartet, etwas zu Ende zu bringen. Kluge Menschen gehen nicht leichtfertig schwerwiegende Verpflichtungen ein. Und wenn sie es gemacht haben, so versuchen sie, diese einzuhalten. Es ist meist leichter, am Anfang nein zu sagen, als mit Ehren wieder aus einer Sache rauszukommen. Schnell zieht eine Verpflichtung eine andere nach sich und führt damit in den Abgrund. Es ist mutiger, sich nicht einzulassen, als zu siegen. Zu einem Streit gehören zwei. Wenn du nicht der Zweite sein willst, kann auch der Erste nicht streiten.

48 Hohle Menschen sind langweilig.

Das Innere muß doppelt soviel wert sein wie der äußere Schein. Viele Menschen bestehen nur aus Fassade. Ihr Eingang ist der eines Palastes, das Innere aber eine Hütte. Hohle Menschen beginnen jedes Gespräch auf dieselbe Weise, müssen dann aber bald in Schweigsamkeit zurückfallen. Die Worte versiegen bald, wo keine Quelle von Gedanken fließt. Hohle Menschen werden schnell langweilig. Hohle Menschen können nur ihresgleichen täuschen, der Kluge durchschaut sie schnell.

49 Scharfsinn und Urteil.

Willst du dich nicht von deiner Umwelt beherrschen lassen, sondern diese selbst bestimmen können, so brauchst du geschärfte Sinne, guten Verstand und ein sicheres Urteil. Es sind viel Erfahrung und die frühe Beobachtung feinster und kleinster Signale notwendig, um auf das Innere, die wahren Ursachen und die eigentlichen Beweggründe schließen zu können. In der Schule des Lebens gibt es viel zu lernen, zu beobachten, zu entdecken und zu verstehen.

50 Achte dich selbst.

Lebe so, daß du dich nicht wegen deines Verhaltens schämen mußt. Dein Gewissen muß als Maßstab für dein Handeln genügen. Der ehrliche Mensch verdankt der Strenge gegen sich selbst mehr als allen Vorschriften. Er meidet das Tadelnswerte mehr aus Respekt vor sich selbst als aus Furcht vor der Strafe eines Vorgesetzten. Wer sich selbst achtet, braucht keinen erhobenen Zeigefinger.

51 Verstehe zu wählen und das Beste zu wählen.

Das Leben wird erst perfekt, wenn man wählen kann. Viel im Leben hängt davon ab, gut zu wählen zu wissen. Gute Wahl setzt nicht nur guten Geschmack, sondern vor allem auch festen Willen voraus. Weder Verstand noch Gelehrsamkeit reichen aus, um das Leben glücklich zu machen. Verstehen, rechtzeitig und das Beste für sich zu wählen, ist sehr wichtig. Viele haben fruchtbaren Verstand, große Urteilskraft und gute

Kenntnisse. Sollen sie sich aber entscheiden, dann fehlt ihnen plötzlich die Kraft dazu. Sie schieben die Entscheidung immer hinaus und müssen dann oft die schlechteste Alternative nehmen.

52 Laß dich nicht aus der Fassung bringen.

Wer sich selbst beherrschen kann, zeigt Größe. Denn alles Große ist schwer zu bewegen. Leidenschaften sind die krankhaften Säfte der Seele. An zu vielen Leidenschaften erkrankt die Klugheit. Wer seinen Mund nicht beherrscht, bringt seine Ehre in große Gefahr. Jeder strebe danach, sich selbst zu beherrschen, damit weder Glück noch Unglück ihn aus dem Gleichgewicht bringen kann.

53 Eile mit Weile.

Was man sich gut überlegt und was man gut geplant hat, kann man schnell ausführen. Narren übereilen; weil sie die Gefahr nicht kennen, stürzen sie sich in sie hinein. Die Klugen sündigen dagegen durch allzu große Langsamkeit, die vom steten Verschieben und Hinauszögern kommt. Mangel an Tatkraft kann die bestgeplanten Unternehmungen zunichte machen. Schnelle Ausführung ist die Mutter des Glücks. Wer nichts auf morgen verschiebt, hat viel getan.

54 Wehre den Anfängen.

Sei wachsam und wehre den Anfängen, wenn dich jemand ärgern will. Wer nicht das erste Mal widersteht, kann es auch nicht beim zweiten Mal. Schwierigkeiten, welche man am Anfang hätte überwinden können, haben die Tendenz, stets größer zu werden. Nichtstun in einer Sache kann dich auch in anderen Bereichen lähmen. Die Kraft des Geistes geht über die des Armes. Nur wenn du dich wehrst, wirst du geachtet.

55 Nimm dir die Zeit zum Verbündeten.

Es lohnt sich, geduldig, nicht zu hitzig oder zu leidenschaftlich zu sein. Kannst du dich selbst beherrschen, dann werden dich auch andere als Führungskraft besser akzeptieren. Es bedarf oft langer Zeit, den günstigsten Augenblick zu erwischen. Viele Früchte reifen nur langsam. Die Zeit ist oft dein bester Verbündeter. Warten bringt Zinsen.

56 Geistesgegenwart und Herausforderungen.

Geistesgegenwart ist das Produkt eines schnellen und trainierten Geistes. Viele Menschen erreichen gerade in Notsituationen ihre besten Leistungen. Manche Menschen muß man erst herausfordern, um sie zu Höchstleistungen zu bringen.

57 Mit Bedächtigkeit auf der sicheren Seite.

Das Gute braucht seine Zeit zum Entstehen. Was schnell entsteht, vergeht schnell. Was ewig währen soll, braucht eine halbe Ewigkeit, um zu werden. Nur die Vollkommenheit gilt, und nur das Gelungene hat Dauer. Verstand und Gründlichkeit schaffen unsterbliche Werke. Was viel wert ist, kostet auch viel.

58 Tue nicht mehr, als gefordert wird.*

Passe dein Handeln an die Gegebenheiten und speziellen Anforderungen an. Alle Ressourcen sollen sparsam eingesetzt werden. Das gilt auch für dein Wissen und Können. Zeige nicht immer alles, was du vermagst. Tue nicht viel mehr, als von dir gefordert wird. Biete jedes Mal etwas Neues, das erhält die Bewunderung. Wer deine Grenzen nicht sieht, traut dir viel zu.

59 Bedenke am Anfang das Ende.

Wenn man in den Tempel des Glückes durch das Tor des Vergnügens eintritt, dann muß man ihn durch das Tor des Schmerzes verlassen. Daher soll man auf das Ende bedacht sein und seine Aufmerksamkeit mehr auf einen glücklichen Abgang als auf den Beifall beim Eintreten richten. Das normale Schicksal der Glücklichen ist ein tragisches Ende. Jeder bekommt Beifall am Anfang; schwer ist es, beim Abgang Anerkennung zu bekommen. Wenige nur werden zurückgewünscht. Bei den meisten ist man froh, daß sie weg sind. Es ist normal, daß den Ankommenden Wohlwollen entgegengebracht wird und die Abgehenden schnöde behandelt werden.

60 Die Besten in Führungspositionen.

Manche werden klug geboren, ein innerer Trieb führt sie auf den Weg des Wissens. Alter und Erfahrung vollenden das Werk, sie gelangen auf den höchsten Grad der Klugheit. Sie verabscheuen eigensinnige Launen als Verführerinnen der Klugheit, besonders in wichtigen

Führungsfragen und überall, wo Sicherheit durch überlegtes Handeln wichtig ist. Solche Menschen verdienen es, unsere Führungskräfte in Politik und Wirtschaft zu werden, oder zumindest deren Berater.

61 Größe durch Vollkommenheit im Wesentlichen.

Größe und Ruhm setzen die vollkommene Beherrschung von etwas, was wesentlich für die Menschen ist, voraus. Im Unwesentlichen perfekt zu sein, groß im Kleinen zu sein, etwas im Nichts zu sein, hebt dich noch nicht aus der Menge empor. Wer den Vorzug hat nur zu belustigen, wird meist nicht verehrt. Geliebt und geschätzt wird, wer großartig im Großen ist.

62 Suche dir gute Mitarbeiter.

Gute und loyale Mitarbeiter sind das wichtigste Werkzeug beim Gelingen. Einige wenden ihre ganze Kraft darauf an, sich mit schlechten Mitarbeitern zu umgeben. Sie fühlen sich durch ihre Überlegenheit über diese wohler, übersehen aber, wie schwach ihr Team eigentlich ist. Gute Mitarbeiter haben noch nie den Ruhm einer Führungskraft vermindert. Verantwortung hat immer die Führungsspitze, sie trifft die Schande des Mißlingens, aber auch der Ruhm des Erfolges. Der Erfolg wird immer den Führungskräften allein zugeschrieben; es ist selten, daß deren Mitarbeiter auch in die Geschichte eingehen.

63 Der Schnellste ist der Erste.

Der Schnellere gewinnt bei sonst gleichen Ausgangsbedingungen. Du bist nur dann der Erste, wenn dir kein anderer zuvorkommt. Du bist schon dann der Erste, wenn du nur ein bißchen besser als alle anderen bist. Nur der Erste bekommt die Goldmedaille, egal wie knapp der Zweite hinter ihm ist. Es ist oft leichter, der Erste zu werden, wenn man neue Wege geht, als sich als Nachahmer anzustrengen. Einige wollen lieber die Ersten in der zweiten Linie als die zweiten in der ersten Linie sein. Es ist zu anstrengend, immer der Erste sein zu wollen.

64 Vermeide Übel, gehe dem Verdruß aus dem Weg.*

Schlimme Neuigkeiten soll man nicht überbringen, aber auch nicht übernehmen. Akzeptiere nur jene Informationen, die dir Nutzen, Erkenntnis, Hilfe oder Trost bringen. Meide die Süßigkeit von Schmeicheleien, die Bitterkeit der üblen Nachrede oder das Gift des täglichen Ärgers. Es ist töricht, sich sein ganzes Leben abzumühen, um jemandem nur ein einziges Mal einen Gefallen zu tun. Folge nicht den Ratschlägen Außenstehender, wenn es dich zuviel kostet. Füge dir keine Schmerzen zu, nur weil du anderen eine Freude machen willst. Hast du die Wahl, entweder dir oder den anderen zu mißfallen, dann denke zuerst an dich selbst und enttäusche lieber die anderen.

65 Verfeinere deinen Geschmack.

Den Geschmack kann man wie seinen Verstand stets weiterentwickeln. Genaues Beobachten erhöht die Einsicht, vergrößert die Anforderungen, und wenn diese erfüllt werden, erhöht es den Genuß. Große Geister schätzen sich nach der Feinheit des Geschmackes. Guten Geschmack lernst du am leichtesten im Umgang mit Menschem mit guten Geschmack. Verachtung und Unzufriedenheit sind Zeichen eines verdorbenen Geschmackes. Verbildete und ausschweifende Einbildungskraft kann die Natur nicht befriedigen.

66 Erst wägen, dann wagen.*

Viele widmen nur dem Ziel ihre Aufmerksamkeit, nicht aber dem Weg, wie sie dahinkommen. Wer gesiegt hat, braucht meist keine Rechenschaft abzulegen. Was übrigbleibt, ist der Erfolg oder der Mißerfolg. Nur wenige Unbeteiligte können die Schwierigkeiten und die genauen Umstände beim Durchführen einschätzen, aber den Erfolg oder Mißerfolg können alle sehen. Daher wird an Ansehen gewinnen, wer Erfolg hat, selbst wenn dieser durch List erreicht wurde. Denn manchmal kann man gegen List auch nur mit List vorgehen.

67 Suche dir einen geschätzten Beruf.

Vieles hängt vom Beifall anderer Menschen ab. Beifall motiviert, er ist für die Talente Atem und Leben. Einige Berufe stehen in hohem Ansehen, andere sind zwar vielleicht wichtiger, werden aber weniger geschätzt. Wer zurückgezogen im stillen Kämmerlein arbeitet, und sei es an noch so Wertvollem und Seltenem, kann nicht auf den Beifall der Öffentlichkeit hoffen. Willst du berühmt oder anerkannt werden, dann mußt du einen Beruf wählen, den alle kennen und schätzen.

68 Besser anregen als erinnern.

Es ist wichtiger, Verstand als Gedächtnis zu leihen. Aber zuweilen muß man jemanden an Wichtiges erinnern. Dann rege an, daß das Wichtige auch gemacht wird. Oft genügt schon ein Stichwort dazu. Es ist eine große Gabe, mit dem Rechten ohne Zögern zu beginnen. Das meiste wird nicht erreicht, weil es einfach nicht unternommen wurde, und nicht, weil man dabei gescheitert wäre.

69 Rede nicht nach, was dir vorgesagt wird.

Laß dich nicht von fremden Meinungen zu sehr bestimmen. Rede nicht nach, was du nicht selbst einschätzen, akzeptieren oder beobachten kannst. Beobachtung, Ausprobieren und Nachdenken sind die Schule der Klugheit. Selbsterkenntnis ist der Weg zur Besserung. Selbstbeobachtung, Selbsterkenntnis und Selbstbeherrschung verleihen dir Größe. Launen, die du nicht im Griff hast, arbeiten gegen deinen Willen und auch gegen deinen Verstand.

70 Die Kunst, richtig abzulehnen.

Gib nicht immer und jedem gleich nach. Etwas zu versagen ist genauso wichtig, wie etwas zu genehmigen. Besonders für die, die Führungskräfte sind. Es ist wichtig, wie das Nein formuliert wird. Ein höfliches Nein wird oft besser angenommen als ein ruppiges Ja. Wer immer mit einem Nein beginnt, dessen Ja wird dann auch nicht sehr erfreuen. Schlage eine Bitte deshalb nicht sofort ab, sondern gehe langsam mit dem Antragsteller deine Gründe durch, warum du nein sagen mußt. Wenn du nein sagen mußt, dann finde etwas, was dein Gegenüber in einem anderen Bereich versöhnen kann. Ja und Nein sind schnell gesagt, erfordern aber langes Nachdenken.

71 Sei konsistent.

Es ist für deine Umgebung sehr hilfreich, wenn du dir nicht ständig selbst widersprichst. Konsistentes Verhalten, gleichbleibende Meinung und gleiches Urteil machen aus dir einen angenehmen Partner. Aber ändere deine Meinung, wenn sich die Sachlage geändert hat. Wer seine Meinungen und Ansichten ohne Grund ständig ändert, verwirrt sein Gegenüber und wird nicht ernst genommen.

72 Zeige Entschlossenheit.

Unentschlossenheit ist nachteiliger als schlechte Ausführung. Auch kluge Menschen können so faul sein, daß sie unfähig werden, etwas zu beginnen. Es genügt nicht, Schwierigkeiten zu sehen, man muß sich auch entschließen können zu handeln. Tatkraft mit Klugheit gepaart ist eine gute Garantie für den Erfolg. Wer in *einem* Bereich erfolgreich ist, wird seine Tatkraft auch in anderen Bereichen leichter einzusetzen verstehen.

73 Ziehe dich mit Geist aus der Schlinge.

Es ist sehr hilfreich, sich mit einer geistreichen Bemerkung aus einer verzwickten Situation befreien zu können. Mit einem geistreichen Wort oder einer witzigen Wendung kannst du oft mehr erreichen als mit einem langen Streit oder Kampf. Es ist eine kluge List, gut ablenken zu können. Es ist oft klug, einfach nicht zu reagieren und etwas nicht aufzugreifen.

74 Sei zugänglich, nicht arrogant.

Es ist ein großer Fehler derer, die zu Amt und Würden kommen, daß sie unzugänglich werden. Wer arrogant wird oder auch nur wirkt, macht sich unnötige Feinde. Wer sich alle zu Feinden macht, ist nicht auf der Straße, die zur Hochachtung führt. Wer stets seine Überlegenheit fühlen läßt, wird zuviel Vorsicht und Furcht um sich vorfinden. Er wird den Zugriff zur Wahrheit verlieren. Viele gelangen zu ihrem Amt, indem sie sich bei allen beliebt machen, und wenn sie es dann haben, suchen sie sich zu entschädigen, indem sie sich bei allen verhaßt machen. Ihr Amt will, daß sie für alle da sind, ihr Stolz macht, daß sie für keinen da sind. Arroganz kannst du mit Isolation bestrafen und dadurch, daß du den Arroganten nicht aus ihren Problemen hilfst, die sie selbst verursachen. Es fällt Menschen schwer, arrogant zu sein, wenn ihnen jemand körperlich nahe ist. Und umgekehrt ist es leicht, aus der Distanz arrogant zu sein.

75 Suche dir Vorbilder.

Suche dir Vorbilder, nicht nur um mit ihnen wettzueifern, sondern um sie zu übertreffen. Nichts motiviert mehr als der Erfolg der anderen. Der Erfolg anderer soll nicht deinen Neid wecken, sondern deinen Ehrgeiz anspornen.

76 Scherze nicht zuviel.

Die Klugheit erscheint im Ernste, und dieser steht höher als der Scherz. Wer immer spaßt, wird nicht ernst genommen. Da man nicht weiß, ob der Spaßvogel im Ernst oder im Spaß redet, wird er gerne dem Lügner gleichgesetzt, dem man auch nicht trauen kann. Beständiger Spaß geht den Leuten auf den Geist. Es ist eine Falle, die Klugheit gegen den Witz einzutauschen. Man gebe dem Spaß einige Augenblicke, dem Ernst aber den Hauptteil.

77 Paß dich an.

Gelehrt mit den Gelehrten, ernst mit den Ernsten, heiter mit den Heiteren; so gewinnt man Herzen, denn Ähnlichkeit erzeugt Wohlwollen. Wer von jemandem abhängig ist, ist gut beraten, sich dessen Stimmung und Gebaren anzupassen. Gute Kenntnisse, schnelles Einschätzen der Situation sowie Erfahrung und Übung im Theaterspielen helfen dabei sehr.

78 Ohne Hast, mit Vorsicht voran.*

Die Dummheit fällt mit der Tür ins Haus, denn alle Dummen sind verwegen. Dieselbe Unwissenheit, welche ihnen das wahre Ziel und die Schwierigkeiten dahin verbirgt, läßt sie nicht erkennen, daß sie den Weg verfehlt haben, und macht sie gefühllos gegen die Schande des Mißlingens. Die Klugheit tritt sehr behutsam auf. Ihre Kundschafter sind die Überlegung und die Behutsamkeit. Sie prüfen den Weg, den man gefahrlos gehen kann. Verwegenheit und Tollkühnheit sind nicht zu rechtfertigen, nur zuweilen durch glücklichen Erfolg zu entschuldigen. Wo man den Grund nicht sieht, muß man behutsam auftreten und vorangehen. In einer unsicheren und komplexen Welt sind scharfe Beobachtung und Vorsicht solange angebracht, bis Vertrauen zwischen den Partnern entsteht. Während die Weisen noch diskutieren, haben die Dummen schon längst die Festung erobert. Dummheit hat einen engen Horizont. Die Dummen stehen nicht nur sich selbst gerne im Weg.

79 Heiterkeit.

Heiterkeit, ein heiteres Gemüt sind - in Maßen - mehr Vorzug als Fehler. Etwas Munterkeit würzt alles. Auch die bedeutendsten Menschen machen Spaß, und dies macht sie beliebt. Jedoch verlieren sie dabei nie die Rücksichten der Klugheit noch die Achtung vor dem Anstand aus den Augen. Andere wieder helfen sich durch einen Scherz aus der Verlegenheit. Denn über manches kann man mit Recht lachen, so ernsthaft es auch von vielen genommen wird. Man legt dadurch Friedfertigkeit an den Tag, und dies zieht die Herzen an.

80 Erkundige dich selbst, überprüfe die Medien.

Unser Leben erfordert beständiges Lernen. Wir sind bei unseren Erkundigungen auf Treu und Glauben von anderen, den Medien, abhängig. Unsere Sinne sind das zweite Tor zur Wahrheit, aber das erste zur Lüge. Man sieht eher selbst die Wahrheit, als daß man sie hört oder liest oder im Fernsehen sieht. Aus der Ferne erreicht uns die Wahrheit selten, sie nimmt die Farben der Leidenschaften an, denen sie unterwegs begegnet. Der Wahrheit begegnest du am leichtesten durch direkten, persönlichen Kontakt vor Ort. Nachrichten bezwecken immer etwas, und der Nachrichtenübermittler bezweckt auch immer etwas. Schau dir deshalb genau an, wer lobt oder wer tadelt. Suche immer die wahren Absichten des Redenden zu erkennen, und sieh voraus, wohin er dich führen will. Bediene dich der klugen Überlegung und vor allem des Messens sowie der Überprüfung, um Lüge von Wahrheit zu unterscheiden.

81 Ständige Erneuerung und Abwechslung.

Alles, auch das Vorzügliche, altert und verliert an Wert. Der Gebrauch vermindert die Bewunderung. Eine mittelmäßige Neuerung wird mehr bewundert als das Bewährte, welches anfängt zu altern. Wenn du etwas Attraktives erhalten willst, mußt du es ständig verändern. Je öfter du dich selbst erneuerst, desto begehrter bleibst du. Auch wechsle den Schauplatz deines Glanzes, damit in deiner Abwesenheit das Verlangen nach dir wächst und du in der neuen Umgebung wieder neuen Beifall bekommst.

82 Alles mit Maß, nichts übertreiben.

Klugheit ist: Nichts zuviel! Radikal ist unvernünftig! Unkluge und übertriebene Gerechtigkeit wird Ungerechtigkeit. Drückt man die Orange zu sehr, so gibt sie zum Schluß bittere Säfte. Wer auf grausame Weise melkt, erhält Blut statt Milch. Zuviel der besten Medizin kann tödlich sein. Auch beim Genuß gehe nicht ins Extrem. Sogar der Geist wird stumpf, wenn man ihn bis aufs letzte anstrengt. Die Klugheit sucht deshalb die ausgeglichene Mitte.

83 Kleine Fehler machen dich sympathisch.

Kleine Fehler schaden dir nicht, sondern sie vermindern den Neid und nutzen dir dadurch. Der Neid macht einen Fehler aus der Fehlerlosigkeit. Je vollkommener eine Sache, umso mehr verdammt er sie. So wie der Blitz stets an den höchsten Stellen einschlägt, so trifft die Kritik besonders die Spitzenleistungen. Es ist daher klug, manchmal weniger perfekt zu wirken, als man es sein könnte. Es erfreut deine Kritiker und macht dich sympathisch. Aber beleidige nie deine Klugheit.

84 Ziehe Nutzen aus deinen Gegnern.

Man muß alle Sachen anzufassen verstehen, aber nicht bei der Schneide, wo sie verletzen, sondern beim Griff, wo sie beschützen. So ist es auch mit dem Neid und deinen Gegnern. Dem Klugen nutzen seine Gegner mehr als dem Dummen seine Freunde. Ein starker Gegenwind bringt dich weiter als ein lascher Rückenwind.

Die Feinde lehren tausend Schwierigkeiten zu überwinden, die Schmeichler halten sehr oft davon ab. Daher verdanken viele ihr Glück ihren Gegnern. Schmeichelei ist gefährlicher als Haß. Sie hätschelt die Fehler, der Haß kann Anlaß zu deren Besserung sein. Der Kluge macht aus dem Groll einen Spiegel, welcher treuer ist als der der Zuneigung, und bessert sich. Denn nur der bleibt wachsam, der Konkurrenten und Feinde neben sich hat.

85 Du verlierst durch zuviel Gewinnen.

Es ist der Nachteil jedes Perfekt-Sein-Wollens, daß der übertriebene Gebrauch zum Mißbrauch wird. Gerade das Streben aller nach Perfektion führt letzten Endes dahin, daß sie allen zum Ekel wird. Wer alles erreichen will, verliert durch zuviel Gewinnen. Die Siegertypen werden zum Schluß genauso gehaßt, wie sie am Anfang bewundert wurden. Treten zu viele perfekte Menschen auf, dann haben sie aufgehört, als selten geschätzt zu werden. Sie werden als Gewöhnliche verachtet. Perfekt zu werden ist erstrebenswert; es auch immer zu zeigen, ist von großem Nachteil. Je mehr ein Licht leuchtet, umso kürzer brennt es. Understatement erhält erhöhte Wertschätzung zum Lohn.

86 Wehre dich sofort gegen üble Nachrede.*

Viele Augen beobachten dich und viele Zungen reden über dich. Unter übler Nachrede und Verleumdung kann das größte Ansehen Schaden erleiden. Kritisch wird es, wenn du damit einen Spitznamen erhältst. Hier fällt der Spott auf einen Fehler, der leicht zu bemerken ist und ewig Stoff für Witze über dich hergibt. Böse Zungen können durch einen hingeworfenen

Vorwurf oder bösen Witz leichter einen großen Namen zerstören als mit Mut und Kraft. Man kommt deshalb leicht in einen schlechten Ruf, weil das Schlechte immer sehr glaubhaft ist. Einen schlechten Ruf kann man nur schwer wieder reinwaschen. Bei Verleumdung mußt du deshalb wachsam sein und sofort regieren. Denn Verhüten ist leichter als die Abhilfe.

87 Bildung und Eleganz.

Bildung unterscheidet den Menschen von den Tieren. Die Unwissenheit ist roh, nichts bildet mehr als Wissen. Aber die Wissenschaft selbst ist roh ohne die Eleganz. Nicht allein unsere Kenntnisse müssen elegant sein, sondern auch unser Wollen und der Umgang mit den Mitmenschen. Einige bringen die Eleganz von Natur aus mit. Andere sind aus so rauhem Holz, daß alles, was sie tun, darunter leidet.

88 Sieh über Unangenehmes einfach hinweg.*

Zu einem großartigen Menschen paßt kein kleinliches Betragen. Man muß nicht alle Dinge so genau betrachten, besonders die unangenehmen nicht. So nützlich es ist, alles im Vorbeigehen zu bemerken, so unnütz ist es, alles ergründen zu wollen, besonders wenn es schon passiert ist und nichts mehr geändert werden kann. Über vieles mußt du einfach hinwegsehen, besonders als Führungskraft. Vieles, was du kritisieren möchtest in deinem Umfeld, kannst du höchstens ganz allgemein ansprechen. Am besten aber ist es, du siehst darüber hinweg. Alles Übermaß ist unnötig, aber besonders verdrießlich ist es bei unangenehmen Dingen. Dazu gehört auch das stete Zurückkommen auf Unangenehmes in der Vergangenheit. Die Mitmenschen lohnen es dir, wenn du gut gelaunt, großzügig und zukunftorientiert bist. Dein gutes und angenehmes Vorbild wird mehr bewirken als deine Kritik.

89 Kenne dich selbst.

Du kannst nicht gut führen, wenn du dich nicht selbst gut kennst. Leider gibt es keine einfachen Spiegel für deine Seele. Es bedarf des Nachdenkens und eines Aufwandes, um über sich selbst klar zu werden. Es ist günstig, wenn du deine Wirkung gezielt beeinflußen kannst, weil du dich gut kennst. Kenne deine Kräfte, bevor du handelst, rechne mit deinem Einsatz, bevor du versprichst. Ergründe immer aufs neue deine Tiefe und prüfe seine Fähigkeiten.

90 Lange leben.

Lange lebt, wer wahrhaft gut lebt. Zwei Dinge verkürzen dein Leben: Dummheit und Laster. Einer verliert sein Leben, weil er es nicht erhalten kann, der andere, weil er es nicht erhalten will. Tugend belohnt sich selbst, Laster bestraft sich selbst. Wer eifrig dem Laster lebt, stirbt zu früh, tugendhaftes Leben dauert lange. Eine gesunde Seele nützt deinem Körper und deinem Geist. Ein wahrhaft gutes Leben ist immer lang, nicht nur nach innen, sondern meist auch nach außen.

91 Meide zu gefährliche Projekte.*

Die Furcht vor dem Mißlingen warnt dich vor deinen Schwächen. Wenn du schon unsicher bist, solange du noch in der überschwenglichen Anfangsphase bist, wieviel mehr wirst du zweifeln, wenn du dann Zeit zum ruhigen Nachdenken haben wirst. Unterlasse im Zweifel zu unsichere oder zu gefährliche Aktionen. Die Klugheit läßt sich nicht von Wahrscheinlichkeiten verführen. Wenn schon die als sicher angesehenen Projekte so häufig scheitern, was kannst du von denen erwarten, die nur halbherzig begonnen werden und wenig durchdacht sind.

92 Klugheit in Allem.

Sei klug im Handeln und im Reden. Vor allem wenn du ein Amt innehast, mußt du wohl überlegt handeln. Ein Gramm Klugheit ist besser als ein Zentner Spitzfindigkeiten. Mit Klugheit bist du auf der sicheren Seite, aber du wirst nicht den Beifall von allen bekommen. Es genügt, wenn du die Anerkennung der Fachleute bekommst. Als klug angesehen zu werden ist der höchste Ruhm.

93 Vielseitigkeit.

Ein vielseitiger Mensch zählt wie mehrere Menschen. Wer mit ihm Kontakt hat, genießt ihn und erfreut sich an ihm. Vollkommenheit und Abwechslung verschönern das Leben. Geist und Verstand, Verstand und Geschmack sollst du immer gemeinsam entwickeln.

94 Sei bekannt, aber immer für eine Überraschung gut.*

Hüte dich genau zu zeigen, wie weit dein Wissen, dein Können und deine Macht wirklich reichen. Kennen sollen dich alle, aber nicht in allem durchschauen können. Wer die Grenzen seiner Fähigkeiten zeigt, enttäuscht immer. Meinungen und Ungewißheiten bringen mehr Ruhm als die genaue Kenntnis, und seien deine Fähigkeiten noch so groß.

95 Zeige nicht alles sofort und auf einmal.*

Willst du die Erwartungen wachhalten, mußt du immer Neues anbieten. Das Viel muß Mehr versprechen. Eine glänzende Tat kündigt noch glänzendere an. Hüte dich, alles sogleich zu zeigen. Es ist klug, Spannung und Befriedigung dadurch zu erzeugen, daß du die Erwartungen in Raten und stets aufs neue erfüllst und nicht deine ganze Kraft an Wissen und Können auf einmal einbringst.

96 Höre auf dein Gewissen.

Wenn du auf dein Gewissen hörst, irrst du kaum. Vor allem wenn dir andere Richtlinien fehlen, kannst du dich immer auf dein Gewissen verlassen.

97 Erwirb und erhalte dir einen guten Ruf.

Achtung und ein guter Ruf werden nur mit großer Mühe errungen. Aber einmal erlangt, erhält sich guter Ruf leicht. Wer einen guten Ruf hat, muß zwar immer etwas dafür tun, aber er bekommt auch immer einen Vorschuß dafür. Jedoch ist nur der wirklich begründete Ruf von unvergänglicher Dauer.

98 Verstecke deine Leidenschaften.*

Die Leidenschaften sind die Pforten zur Seele. Die Wissenschaft, die man am häufigsten braucht, ist die Verstellungskunst, das Theaterspielen. Wer immer mit offenen Karten spielen muß, läuft Gefahr, oft zu verlieren. Der Vorsichtige ist zurückhaltend, denn es gibt viele Neugierige oder Böswillige. Wenn deine Neigungen nicht bekannt sind, können sie nicht mit Widerspruch oder Schmeicheleien konfrontiert werden.

99 Sein und Schein.

Die Dinge gelten nicht für das, was sie sind, sondern für das, was sie scheinen. Auf den Grund schauen nur die wenigsten, darum ist die äußere Erscheinung so maßgebend. Die gute Absicht wird nicht gesehen, wenn das Ergebnis schlecht ausgeht. Schein, der halten soll, kann aber nur auf entsprechendem Sein basieren.

100 Frei von Vorurteilen

Es lohnt sich, ohne Vorurteile zu sein. Es ist nicht wichtig, daß du vorgibst, ohne Vorurteile zu sein, oder für vorurteilsfrei gehalten wirst, wichtig für dich ist, daß du es wirklich bist. Die Entdeckung der Unwahrheit, die Aufdeckung des Scheins sind die Nahrung des denkenden Geistes.

101 Alles hat sein Publikum.

Alles ist gut oder alles ist schlecht, je nach Ort oder Laune des Umfeldes. Was einer wünscht, haßt ein anderer. Ein Narr ist, wer alles nach seinem Sinn haben will. So viele Menschen, mindestens so viele Meinungen und Geschmäcker gibt es. Es gibt keinen Fehler, der nicht seinen Liebhaber fände. Wenn du einem mißfällst, gib nicht auf und suche weiter, ein anderer wird dich loben. Drum überbewerte nicht den Beifall. Für die gleiche Leistung kann dich jemand tadeln. Wichtig ist die Zustimmung der Fachleute.

102 Sei vorbereitet, großes Glück zu verdauen.

Großes Glück kommt in großen Stücken. Nur wer einen großen Magen hat, kann große Stücke verdauen. Was einen Magen überfüllt, kann einen anderen noch zur Eßlust reizen. Bei vielen schlägt das Glück nicht gut an, sie sind zu schwach, um es zu vertragen. Wer großes Glück vertragen will, muß alles entfernen, was ein Zeichen eines engen Kopfes oder Herzens sein könnte.

103 Sei ein König in deinem Stand.*

Wenn du auch kein König bist, so sollen doch deine Handlungen eines Königs würdig sein. Sei in deinem Tun, in den Grenzen deines Standes und deines Berufs, königlich. Dann brauchst du die Vornehmheit nicht zu beneiden, dann kannst du ihr Vorbild werden. Das wahrhaft Königliche besteht in der Untadeligkeit der Sitten. Denen, die im Zentrum der Macht stehen, steht es gut an, sich die wahrhaft königlichen, erhabenen Eigenschaften anzueignen und nicht eitles Zeremoniell oder leere Aufgeblasenheit.

104 Die Aufgaben sind verschieden.

Jede Führungsaufgabe hat ihre speziellen Probleme. Einige Aufgaben erfordern Mut, andere Überlegung. Bei einigen genügt Rechtschaffenheit, schwierigere benötigen Geschicklichkeit. Mit Fleiß oder Wachsamkeit allein ist meist kein Gelingen möglich. Es ist eine mühsame Aufgabe, Menschen zu führen. Besonders wenn es sich dabei um Narren und Dummköpfe handelt. Man muß dann für alle Beteiligten mitdenken. Unerträglich sind die Aufgaben, die eintönig sind und zuviel Zeit in Anspruch nehmen. Besser sind die wichtigen Aufgaben mit viel Abwechslung. Die besten Aufgaben sind jene mit großer Unabhängigkeit und viel Freiheit. Die schlimmsten Aufgaben sind jene, für die wir einem strengen Richter, vielleicht sogar unserem Gott Rechenschaft ablegen müssen.

105 Halte dich kurz.

Jemand, der nur immer von seiner Sache redet, langweilt seine Umgebung. Im Geschäftsleben ist Kürze und schnelles Zur-Sachekommen ein Vorteil. Kürze ersetzt Höflichkeiten. Kürze verdoppelt das Gute, halbiert das Böse. Schwätzer sind selten tüchtig. Werde vor allem den Leuten mit viel Arbeit nicht lästig durch dein Gerede und deine Anwesenheit. Wenn du schon Publikum brauchst, dann suche dir Leute, die nichts zu tun haben.

106 Prahle nicht mit deinem Amt.

Es ist beleidigender, mit Stand und Würde zu prunken, als mit persönlichen Eigenschaften. Vornehmtun erzeugt Haß. Begnüge dich damit, daß du beneidet wirst. Je mehr du Verehrung suchst, desto weniger findest du sie, denn sie hängt von der Meinung anderer ab. Du mußt sie verdienen und abwarten. Manche Ämter erfordern ein angemessenes Ansehen, ohne welches sie nicht würdig ausgeübt werden können. Du mußt dieses Ansehen erhalten, damit du deine Pflichten erfüllen kannst. Dringe dabei nicht auf Ehrerbietung, aber fördere sie. Wer mit seiner Aufgabe angibt, verrät, daß er sie nicht verdient hat und die Würde für ihn zuviel geworden ist. Wer unter der Last der Aufgabe zusammenbricht, ist dafür nicht geeignet. Dein persönlicher Erfolg im Amt gehört dir, das Amt selbst hast du nur geborgt.

107 Sei nicht selbstzufrieden.

Zufriedenheit mit sich selbst ist Schwäche, Unzufriedenheit allerdings wäre unklug. Häufig entsteht Selbstzufriedenheit durch Unwissenheit. Sie ist eine angenehme Glückseligkeit des Unverstandes, schadet aber deinem Ruf und Ansehen. Wer große Leistung nicht kennt oder einzuschätzen vermag, beweihräuchert gerne seine mittelmäßigen, eigenen Taten. Etwas Bescheidenheit ist immer klug und auch nützlich. Mißtrauen und Wachsamkeit helfen, einem schlechten Ende vorzubeugen. Und sie trösten dich, falls es kommt. Denn das voraussehbare Übel schmerzt weniger.

108 Suche dir Freunde, die dich ergänzen.

Dein Umgang mit den Menschen ist von einschneidender Bedeutung für dich. Du lernst - zum Teil sicherlich unbemerkt - von den Menschen mit denen du Kontakt hast, teilst deren Sitten, Stimmung und Geschmack. Suche dir Freunde, die zu dir passen, vor allem dich ergänzen. Der Schnelle suche den Langsamen, der Streitbare den Friedfertigen, der Kaufmann den Ingenieur. Das Wechselspiel der Gegensätze verschönert die Welt. Der Kluge sucht daher in der Wahl der Freunde und des täglichen Umgangs die Einwirkung der Gegensätze, um die richtige Mitte zu erlangen.

109 Denke positiv.

Die negativen Menschen verurteilen und verdammen alles. Nicht aus Einsicht oder Erkenntnis, sondern meist, weil sie krank sind oder unter Schmerzen leiden. Ihre üble Laune macht aus jedem Himmel eine Hölle. Wer positiv denkt, findet überall etwas Gutes. Selbst schlimme Ereignisse sind immer noch geeignet um aus ihnen zu lernen.

110 Warte nicht deinen Sonnenuntergang ab.

Verlasse, ehe du verlassen wirst. Der Kluge tritt zurück, bevor er gehen muß. Gehst du rechtzeitig, kannst du selbst aus einem Abgang noch einen Triumph machen. Und wer rechtzeitig geht, bleibt in besserer Erinnerung.

111 Mache dir Freunde.

Freunde verdoppeln den Wert deines Lebens. Das Meiste und Beste, was wir haben, hängt von anderen ab. Wir müssen entweder unter Feinden oder unter Freunden leben. Jeder Freund ist gut. Unter Freunden läuft das Leben einfach und problemlos ab. Ein Freund kennt dich gut. Ein jeder gilt nur soviel, wie die anderen wollen. Damit sie wollen, muß man ihr Herz und dadurch ihre Zunge gewinnen. Kein Zauber ist mächtiger als die gezeigte Gefälligkeit. Das beste Mittel, um Freunde zu gewinnen, ist, sich Freunde zu machen. Wenn du an jedem Tag zu einem Fremden besonders nett bist, wirst du in deinem Leben genügend Freunde haben und nie einsam sein.

112 Gewinne die Herzen.

Willst du Großes erreichen, darfst du dich nicht scheuen, Wohlwollen zu deinem Vorteil zu nützen. Durch Zuneigung gewinnst du Achtung. Einige verlassen sich so sehr auf sich selbst, daß sie sich nicht darum kümmern, geliebt zu werden. Du erreichst mehr, wenn zu deinem eigenen Einsatz das Wohlwollen anderer kommt. Wohlwollen erleichtert alles, ergänzt alles. Wohlwollen fragt nicht nach deinen guten Eigenschaften, es nimmt einfach an, du hättest sie. Wohlwollen sieht nicht deine Fehler, weil es sie nicht sucht. Wohlwollen entsteht meist aus der Übereinstimmung: aus derselben Herkunft, der gleichen Ausbildung, dem gleichen Beruf oder Stand. Wohlwollen und Zuneigung kommen aus innerer Gleichheit und gründen sich auf wechselseitige Dienste und Nutzen.

113 Im Glück aufs Unglück bedacht sein.

Vorsorge ist einfach, wenn du rechtzeitig und in Zeiten des Überflusses damit beginnst. Im Glück findest du leicht viele Freunde. Spare für unglückliche Zeiten, wenn dir alles fehlen wird. Es ist daher klug, keinen deiner Freunde zu verachten und die bestehenen Kontakte aufrechtzuerhalten. Es wird eine Zeit kommen, wenn du glücklich sein wirst, vielleicht gerade den zu haben, um den du dich vielleicht jetzt nicht kümmerst. Leute ohne Erziehung haben keine Freunde. Wenn es ihnen gut geht, kümmern sie sich um niemanden; wenn es ihnen schlecht geht, kümmert sich niemand um sie.

114 Meide Streit.

Jeder Streit schadet deinem Ansehen. Im Streit wirst du mit Schmutz beworfen, und manches wird an dir kleben bleiben. Ehrlicher Streit wird selten geführt. Viele lebten hochgeehrt, bis sie Gegner hatten. Deine Gegner decken Fehler - auch vergangene - auf, die aus Nachsicht oder Höflichkeit schon vergessen waren. Die ältesten Streitereien und unwichtigsten Angelegenheiten werden wieder ans Tageslicht gezerrt. Deine Gegner kämpfen mit allen verfügbaren Mitteln, auch den unerlaubten, und sagen, was sie sagen können, nicht, was sie sagen sollten. Wenn schon Herabsetzungen nicht zum Sieg führen, so schaden sie doch deinem Ansehen, weil sie den Staub von den Fehlern der Vergangenheit wegfegen. Die Wohlwollenden sind friedlich, und Leute von Ruf und Ansehen sind wohlwollend.

115 Lerne mit schwierigen Menschen umzugehen.

Es ist eine wichtige Eigenschaft, mit schwierigen Menschen umgehen zu können. Wie du dich an häßliche Gesichter gewöhnst, so kannst du dich auch an schwierige Menschen gewöhnen. Es ist manchmal nötig, mit schwierigen Menschen umzugehen, weil du von ihnen abhängig ist. Es ist zwar unerfreulich, mit ihnen zu leben, aber notwendig, wenn es ohne sie nicht geht. Zuerst jagen sie Furcht ein, aber nach und nach lernst du mit ihnen umzugehen. Mit Überlegung lernst du, Unannehmlichkeiten vorzubeugen oder sie zu ertragen. Aber wenn die Abhängigkeit vorbei ist, so löse dich von den schwierigen Menschen. Du lernst zwar aus diesem Umgang, aber er gibt Besseres für dich.

116 Suche ehrliche Menschen.

Mit ihnen kannst du Verbindlichkeiten eingehen, ihrem Wort kannst du trauen. Ehrlichkeit und Loyalität deiner Mitmenschen sind beste Sicherheiten für dich. Auch wenn du mit ihnen verfeindest bist, kannst du sie noch gut einschätzen. Selbst auf ihr Nein ist noch Verlaß. Es ist besser, mit redlichen Leuten zu streiten, als mit unredlichen zu siegen. Auf die Freundschaft und Unterstützung unredlicher Menschen kannst du nicht bauen. Auch ihre Anhänglichkeit taugt nichts. So wie du den Kontakt ehrlicher Menschen suchen sollst, so meide den Kontakt mit unehrlichen, auch wenn diese unterhaltsam sind.

117 Rede nicht von dir oder Anwesenden.

Selbstlob ist Eitelkeit, Selbsttadel ist Unvorsichtigkeit. Von sich selbst zu reden, ist für den Sprecher unklug und für den Zuhörer eine Qual. Dies gilt vor allem vor großen Publikum, und wenn man eine hohe Position einnimmt. Ebenso unklug ist es, von Anwesenden zu sprechen. Es besteht dabei leicht die Gefahr, ungewollt als Schmeichler oder Kritiker zu erscheinen.

118 Sei höflich.

Willst du beliebt werden, mußt du höflich sein. Höflichkeit ist der Hauptteil der Bildung. Sie ist der Zauber, der allgemeine Liebe erzeugt. Unhöflichkeit erzeugt Haß. Unhöflichkeit aus Stolz ist abscheulich, Unhöflichkeit aus Grobheit verächtlich, Unhöflichkeit aus Unwissenheit zu bedauern. Lieber zuviel Höflichkeit als zuwenig. Sei nicht zu allen gleich höflich, das wäre ungerecht. Wer ehrt, wird geehrt. Höflichkeit ist auch zwischen Feinden nützlich. Höflichkeit und Ehre haben den großen Vorteil, daß sie bei dem bleiben, der sie erweist. Du kannst deshalb großzügig damit umgehen. Höflichkeit kostet wenig und bringt viel.

119 Mach dich nicht verhaßt.

Du mußt dir nicht mit Absicht Feinde schaffen, es kommen von selbst genug. Viele hassen ohne Grund, sie wissen gar nicht, warum und wie sie hassen. Du wirst immer mehr Haß und Neid als Wohlwollen finden. Haß ist aktiver als Wohlwollen. Viele Menschen neigen mehr zum Schaden als zum Helfen. Es gibt Leute, die erst dann zufrieden sind, wenn sie alle zum Feind haben. Es ist am besten für die Menschheit, diese zu isolieren. Haß ist schlecht zu vertreiben. Haß ist eine gefährliche, schlecht zu heilende und ansteckende Krankheit. Kluge Leute sind gefürchtet, Übelredende werden gehaßt, Eingebildete verachtet, Spötter verabscheut und Sonderlinge verlassen. Um geachtet zu sein, muß man achten. Wer Glück haben will, nimmt Rücksicht auf alle.

120 Paß dich der Zeit an.

Alles - auch Denkungsart und Geschmack - ändert sich mit der Zeit. Wer sich modisch kleidet, soll auch modern denken. Es gibt auch moderne Vorbilder und Höchstleistungen. Der Zeit-Geschmack der Menge ist eine wichtige Stimme. Kluge passen sich - innerlich und äußerlich - an die neuen Zeiten an, auch wenn die Vergangenheit ihnen besser erschien. Aber für die Sitten gilt diese Lebensregel nicht. Tugend ist zeitlos und immer aktuell, auch wenn sie im Augenblick nicht allgemein geschätzt sein sollte. Wer redlich ist, wird vielleicht nicht nachgeahmt, aber sicher bewundert. Es lebe der Kluge, wie er kann, wenn er nicht kann, wie er will. Begnüge dich mit dem, was dir gegeben wird. Nimm immer an, daß das Schicksal dir mehr gegeben als versagt hat.

121 Nimm nicht alles zu ernst.

Es gibt Menschen, die sind durch nichts aus der Ruhe zu bringen, andere regen sich über alles auf. Immer sprechen sie mit Wichtigkeit, alles nehmen sie ernst und machen eine Streitsache oder ein Geheimnis daraus. Nur über weniges muß man sich ernsthaft sorgen, sonst würde man vor Sorgen umkommen. Viele wichtige Geschäfte sind dadurch gelungen, daß man sie leicht genommen hat. Unwichtiges wurde plötzlich nur deshalb wichtig, weil man es dazu gemacht hat. Der Anfang erscheint meist verlockend leicht, aber schnell kann dann alles sehr schwierig werden. Es ist daher manchmal klug, einfach nichts zu tun und den Dingen ihren Lauf zu lassen. Denn oft entsteht eine Krankheit erst aus der Heilung. Und eine überflüssige Reparatur kann viel kaputt machen.

122 Imponiere mit Reden und Handeln.

Durch imponierendes Reden und Handeln gewinnst du Ansehen, ja Achtung. Es zeigt sich in allem, im Umgang, im Reden, im Blick, in den Neigungen, sogar im Gang. Imponieren kommt nicht von Frechheit, Arroganz oder großen Reden. Es beruht auf der Autorität, die aus natürlicher Überlegenheit kommt und von errungenen Erfolgen und Verdiensten getragen wird.

123 Gib dich natürlich.

Je größer, desto einfacher! Zuviel Schnörksel, Schminke oder Übertreibungen verderben und entstellen die wichtigsten Dinge und Eigenschaften. Sie erfordern viel Aufwand und sind dabei für das Publikum nur schwer zu ertragen. Das Natürliche gefällt besser als das Künstliche. Wer unnatürlich wirkt, wird als inkompetent eingeschätzt. Je besser man eine Sache macht, desto mehr muß man die darauf aufgewendete Mühe verbergen. Dann erscheint diese Vollkommenheit als ganz natürlich. Aber es lohnt sich nicht, auch aus dem Natürlich-Scheinen-Wollen wieder eine neue Anstrengung zu machen. Der Kluge wird seine eigenen Vorzüge herunterspielen. Denn dadurch, daß er sie wenig beachtet, werden andere darauf aufmerksam. Glücklich ist der, der vollkommen ist und sich dessen nicht rühmt.

124 Mache, daß du vermißt wirst.

Es ist ein großes Glück, wenn du ersehnt, vermißt oder zurückgewünscht wirst. Besonders wenn es kluge Leute sind, die dich vermissen. Normalerweise weinen wir den Abtretenden keine Träne nach. Aber wenn du dein Amt fähig, gut und sicher ausgeübt hast, wird man dich vermissen. Jeden wirklich zufriedenzustellen ist das wirksamste Mittel, vermißt zu werden. Man muß merken, daß das Amt dich braucht und nicht du das Amt. Es ist kein Vorteil, gut zu wirken, nur weil dein Nachfolger unfähig ist. Denn das heißt nicht, daß du zurückgewünscht wirst, sondern nur, daß dein Nachfolger nicht geschätzt wird.

125 Mache andere nicht schlecht.

Hast du Freude am Schlechtmachen anderer, dann leidet dein Ruf darunter sehr. Auch wer in fremdem Schmutz wühlt, macht sich dabei schmutzig. Einige suchen eigene Fehler durch Aufdeckung fremder Fehler zu verdecken. Keiner ist von Fehlern frei. Deine eigenen Fehler werden nicht weniger, nur weil andere auch Fehler haben. Die Fehler unbedeutender Leute sind wenig bekannt. Große Menschen haben lange Schatten, besonders wenn die Sonne nieder steht. Wer sehr viel geleistet hat, wird am Ende seines Lebens auch viel falsch gemacht haben.

126 Laß dich nicht erwischen, aber lerne aus Fehlern.

Dumm ist nicht, wer eine Dummheit begeht, sondern wer sich dabei erwischen läßt. Es ist klug, nicht nur seine Leidenschaften zu verbergen, sondern auch seine Fehler. Der Kluge lernt aus den begangenen Fehlern und verbirgt sie. Der Dumme gibt auch mit den Fehlern an, die er erst machen will. Dein Ruf wird mehr von deinem Image als von deinem Denken geprägt. "Wenn du nicht keusch bist, so scheine es wenigstens." Auch Freundschaften brauchst du nicht mit deinen Fehlern zu belasten. Am klügsten wäre es, du kannst aus den Fehlern die notwendige Lehre ziehen, das Ereignis selbst aber vergessen.

127 Vertraue auf deinen gesunden Menschenverstand.

Der gesunde Menschenverstand ist das Leben der Talente, der Atem der Rede, die Seele des Handelns, die Zierde der Zierden. Alle übrigen Vollkommenheiten sind der Schmuck der Natur, aber edle, freie Unbefangenheit ist der Schmuck der Vollkommenheiten. Der gesunde Menschenverstand mit seiner Unbefangenheit ist mehr Eingebung als Studium, er steht über aller Wissenschaft. Der gesunde Menschenverstand hilft dir bei den schwierigsten Geschäften. Er zieht dich mit Ehre und Würde aus den verzwicktesten Situationen.

128 Visionäres Denken.

Visionäres Denken ist die Haupteigenschaft eines Helden und sehr wichtig für alle Führungskräfte. Visionäres Denken ist die Hauptquelle des Mutes und der Kraft. Es motiviert zum Großen, erweitert das Herz, steigert die Denkkraft, veredelt das Gemüt, verbessert den Geschmack und macht fähig zum Höchsten. Er macht dir den Weg frei für alles. Und stellen sich Hindernisse in den Weg, so gibt es dir die Kraft, sie ehrenvoll zu überwinden.

129 Rede gut und positiv.*

Jammern zerstört dein Selbstvertrauen und schadet deinem Ansehen. Klagen erwecken eher die Lust, dich zu beleidigen, als das Verlangen, dir zu helfen. Dein Jammern erfreut andere, fördert deren Schadenfreude oder sogar Verachtung und setzt dich herab. Deine positive Rede aber wird andere auch motivieren, positiv über dich zu denken. Der Kluge erzählt weder sein Unglück noch seine Fehler, sondern nur sein Glück und seine Erfolge. Damit erhält er die Achtung seiner Freunde und gibt seinen Feinden keine Angriffsfläche.

130 Wert haben und ihn zeigen.

Es zählt zuerst der Schein und dann erst das Sein. Wert haben und ihn zu zeigen verstehen, das ist echter Wert. Was man nicht sieht, ist, als ob es nicht wäre. Selbst das Gute verliert seine Qualität, wenn es nicht als gut erscheint. Es gibt immer mehr Betrogene als Leute mit Durchblick. Der Betrug herrscht vor, weil alles von außen beurteilt wird. Viele erscheinen ganz anders als sie sind. Eine gutes Image ist die beste Empfehlung für innere Vollkommenheit.

131 Vergib und verzeihe großherzig.

Großherzig zu vergeben und zu verzeihen kommt nicht oft vor. Es setzt eine große Seele voraus, die nicht jedermann hat. Großherzig vergeben heißt, gut von den Feinden zu reden und ihnen gegenüber gut zu handeln. Nütze klug die Gelegenheiten für unerwarteten Großmut. Der Verzicht auf die Lust der Rache bringt dir den Ruhm der Verzeihung.

132 Überschlafe wichtige Entscheidungen.

Gestatte dir, über wichtige Entscheidungen einmal zu schlafen. Du gewinnst damit Zeit zur Entscheidung oder zur Verbesserung des Vorschlages, vor allem wenn du dir nicht ganz sicher bist. Es kommen neue Gedanken, wenn du einen Entschluß neu bedenkst. Und deine Zusage gewinnt an Wert, wenn sie nicht überraschend, sondern ganz bewußt gefällt wird. Mußt du hingegen absagen, kannst du die gewonnene Zeit nutzen, dein Nein besser zu begründen und auch die Hitze aus der Diskussion zu nehmen. Je mehr auf deine Entscheidung gedrängt wird, umso mehr Zeit lasse dir damit.

133 Paß deine Klugheit an die Umgebung an.*

Wenn du mit dem Strom schwimmst, verlierst du nichts. Gegen den Strom zu schwimmen erfordert ungeheure Anstrengung. Wer als Einziger klug ist, erscheint leicht als Narr. Manchmal ist es die größte Weisheit, so zu tun, als seist du unwissend. Die Zahl der Unwissenden ist größer als die Zahl der Wissenden. Paßt du dich mit deiner Klugheit nicht an, bist du schnell allein. Drum suche dir die richtige Umgebung. Denn am besten ist es, klug mit den anderen zu sein als ein Narr für sich allein.

134 Besitze Wichtiges doppelt.

Mache dich nicht von *einer* Sache abhängig, erscheint sie noch so sicher und zuverlässig. Alles, was du wirklich brauchst, sollst du doppelt zur Verfügung haben. Nimm dir die Natur zum Beispiel, die auch viele wichtige Organe doppelt entwickelt hat.

135 Neige nicht zum ständigen Widerspruch.

Ständiger Widerspruch von Erwachsenen macht dich lächerlich und ist nur schwer zu ertragen. Zwar zeigt es Verstand, wenn du alle Schwierigkeiten siehst, aber Eigensinn wird schnell zum Unverstand. Widerspruch vergiftet die angenehmste Unterhaltung und macht dich deshalb unbeliebt. Besonders wenn allgemeines Wohlwollen überwiegt, ist es klug, die vorhandenen Schwachstellen nicht breitzutreten. Je besser ein Bissen ist, umso schmerzlicher wird der Stein darin zwischen den Zähnen empfunden.

136 Komm in Geschäften schnell zur Sache.

Umständliches Herumreden ermüdet dich und deine Zuhörer. Denke vorher darüber nach, wie du in einem Geschäftsgespräch schnell zur Sache kommst, ohne aber deinen Partner mit deinen Vorschlägen zu überfallen. Nutze die dabei gewonnene Zeit dann für deine wichtigen Angelegenheiten.

137 Sei dein eigener bester Freund.

Wenn du alles kannst, du dich selbst gut kennst und du es gut mit dir meinst, kannst du auch gut alleine leben. Es ist klug, schön und nützlich, sein eigener bester Freund zu sein.

138 Warte das Ende von Stürmen im Hafen ab.

Das Leben hat seine Stürme. Aber meist auch seinen Hafen, wo man warten kann, bis sie aufhören. Oft verschlimmert der Schutz als Gegenmittel das Übel. Es ist eine große Kunst zu erkennen, wenn Nichtstun die richtige Aktion ist. Was sich biegt, bricht nicht sogleich. Im rechtzeitigen Nachgeben kann der Schlüssel zum Erfolg für die Zukunft liegen. Solange du in einer Quelle rührst, wird sie nie klar werden. Wenn du selbst das Problem bist, dann ziehe dich einfach zurück. Gegen manches wie Zwiespalt und Verwirrung ist das beste Mittel, sie ihren Lauf nehmen zu lassen. Denn so beruhigen sie sich von selbst.

139 Beachte die Gunst der Stunde.

Es gibt Tage, da geht alles schief. Wie das Wetter, so ist auch deine körperliche oder geistige Verfassung nicht immer gleich. Wenn dir zwei Mißgeschicke hintereinander passieren, dann nimm dir an diesem Tag nichts Wichtiges mehr vor. Andererseits gibt es Tage, da läuft alles bestens. Nutze diese Tage für Arbeiten, zu denen du Glück brauchst. Du wirst dann mit wenig Anstrengungen viel erreichen. Auch die Tageszeiten sind nicht für alle Arbeiten gleich geeignet. Deine Erfahrung wird dir sagen, zu welchen Stunden dein Körper die besten Leistungen erbringt.

140 Finde in allem das Gute.

Der gute Geschmack und der wache Verstand finden in allem gleich das Gute. Alles hat auch etwas Gutes. In jeder Idee, in jedem Vorschlag, in jedem Buch oder Geisteswerk, auch wenn sie dir spontan nicht gefallen, ist etwas Gutes. Und es lohnt sich fast immer, es herauszufinden. Einige sind so unglücklich, daß sie unter 1000 Vorzügen nur den einzigen Nachteil sehen und nur von diesem reden. Glücklich sind jene, die unter 1000 Fehlern das einzige Ausgezeichnete finden und es für sich nutzen können.

141 Nicht sich gerne reden hören.

Es hilft dir wenig, wenn du mit dir selbst zufrieden bist, aber den anderen dabei nicht gefällst. Die Antwort auf zuviel Selbstzufriedenheit ist meist Geringschätzung. Wer sich zu sehr selbst genügt, wird nie die anderen zufriedenstellen. Rede nicht nur, um dich selbst zu hören. Rede, wenn du interessierte Zuhörer hast. Selbstgespräche können deinen Gedanken Klarheit bringen, aber sie nützen dir wenig, wenn du sie in Gegenwart Uninteressierter führst. Es ist eine Schwäche von bedeutenden Menschen, in forderndem und herrschendem Ton zu reden, dies beleidigt die Zuhörer. Es ist schlimm, wenn du mit deinen Reden nur leeren Beifall oder dumme Schmeichelei herausforderst.

142 Wähle nicht aus Trotz die schlechtere Lösung.

Wähle nicht aus Trotz die schlechtere Lösung, nur weil dein Gegner bereits die bessere gewählt hat. Damit besiegst du nur dich selbst. Mit schlechten Waffen wirst auch du nie gut kämpfen. Im trotzigen Widerspruch verlierst du den Sinn für die Wahrheit und im trotzigen Streit den Sinn für den Nutzen. Trotz ist wie alle hitzigen Leidenschaften meist ein schlechter Berater. Es ist immer klug, das Bessere zu wählen und das Richtige zu tun. Wenn du für deine trotzigen Kinder nur das Beste willst, so unterliege nicht der Versuchung, das Gegenteil vorzuschlagen, nur damit sie das Richtige wählen. Am besten gibst du dann keine Empfehlung ab. So können sie wenigstens aus ihren eigenen Fehlern lernen.

143 Spiele nicht den Sonderling.

Manche Menschen übertreiben, um sich von der Masse abzuheben, und werden zum Sonderling. Damit heucheln sie zu ihrem Schaden Wichtigkeit. Denn am Anfang zieht das Sonderbare zwar an, weil alles Neue oder Besondere überrascht und unterhält. Aber wenn der Sonderling durchschaut wird oder wenn er nicht mehr einzuschätzen ist, verliert er schnell an Achtung. Dauerhafte Anerkennung kommt durch herausragende Tugend und Leistung und nur selten durch die Wahl sonderbarer Nebenwege. Auch wenn diese Nebenwege richtig sein mögen, so liegt in ihnen doch die Gefahr großer Unsicherheit. Und Unsicherheit wird in Geschäftsbeziehungen nicht geschätzt.

144 Verkaufe eigenen Vorteil als fremden.

Damit kommst du am schnellsten zum Ziel. Wenn es dir gelingt, dein Anliegen so zu formulieren, daß dein Gegenüber seinen Nutzen dabei klar erkennt, hast du einen Verbündeten gewonnen. Dieses Vorgehen muß wohl überlegt sein. Bei kooperativen Menschen kannst du erklären, was auch dein Nutzen bei der Sache sein wird. Aber hast du mit jemandem zu tun, der auf alles zuerst mit Nein antwortet, ist es klug, deine eigene Absicht nicht im Gespräch offenzulegen.

145 Decke deine Schwachstellen nicht auf.

In offene Wunden legt jeder gerne seine schmutzigen Finger. Beim Aufdecken deiner Schwachstellen weckst du leicht die Schadenfreude. Es gibt immer genügend Bösartigkeit, die Schwachstellen sucht und sich an ihnen weidet. Zeige deshalb nicht, wenn und wie du verletzt wirst, und behalte persönliche, auch geerbte Übel für dich. Denn gerne treffen uns Schicksalsschläge und Schläge boshafter Mitmenschen immer wieder auf die gleiche Stelle und vervielfachen so den Schmerz.

146 Schaue unter die Oberfläche ins Innere.

Die Dinge sind in ihrem inneren Wesen meist anders, als sie scheinen. Wer nur den äußeren Schein betrachtet, wird meist betrogen. Die Lüge überzeugt schnell, viel langsamer dämmert die Wahrheit. Vieles durchschaust du erst mit der Zeit. Bediene dich wiederholt deiner Sinne, der eigenen Augen und Ohren, um dich zu vergewissern. Das Wahre und Richtige lebt tief zurückgezogen und verborgen. Um richtig urteilen zu können, brauchst du Zeit und viel Einsicht.

147 Höre auf den Rat der Freunde.

Niemand ist so vollkommen, daß er nicht noch von anderen lernen könnte. Wer nie auf andere hört oder nur Ratschläge unwissender oder berechnender Menschen annimmt, lebt sehr gefährlich. Aber du erhältst nur Rat, wenn die Menschen, die dich gut kennen, sich trauen können, dir einen Rat zu geben. Am ehesten werden deine Freunde Zugang zu dir haben. Ein Freund muß die Freiheit haben, ehrlich und ohne Zurückhaltung zu raten, ja auch zu tadeln. Aber nicht nur Freunde können gute Ratgeber sein. Du kannst auch andere kluge Vertraute oder Experten aufsuchen, die fähig sind, dir ein ehrliches Bild von dir zu geben. Den besten Spiegel halten dir kluge Menschen vor, die wenig Interesse haben, dich zu verändern. Und die aus deinen Veränderungen keinen Nutzen ziehen können.

148 Sei ein guter Unterhalter.

Mit Reden die Leute gut unterhalten zu können ist von großem Wert. Achte auf deine Fähigkeit zu reden, es gibt wenige Beschäftigungen, die häufiger vorkommen. Der Eindruck, den du beim Reden machst, wird wesentlich deinen Erfolg oder Mißerfolg bestimmen. Schreiben ist einfacher, weil du dir dabei mehr Zeit nehmen kannst. Schnell wird ein Gespräch zur Prüfung. Eine Schwierigkeit beim Reden ist, daß du dich an jeden Partner, jedes Publikum immer neu anpassen mußt. Saloppes Reden ist nur unter guten Freunden angebracht. Wenn du immer pedantisch und kritisch redest, werden die Menschen dich meiden. Reden im richtigen Augenblick ist viel wichtiger als Beredsamkeit.

149 Sichere dich ab.*

Es ist sehr nützlich, einen Schutzschild gegen den Mißerfolg zu haben. Alle Herrschenden suchen sich deshalb ihre Sündenböcke, die sie für den Mißerfolg verantwortlich machen können. Nicht alles kann gelingen, und nicht alle können immer zufriedengestellt werden. Deshalb sichere dich rechtzeitig gegen den Mißerfolg und die Unzufriedenheit ab. Denn es gehört eine sehr dicke Haut dazu, sich allen Kritiken und Schlägen persönlich auszusetzen und auf Kosten des eigenen Ehrgeizes alle Fehler und alle Unglücksfälle auf sich zu nehmen. Oft genügt es schon die Verantwortung für den Mißerfolg bei dem zu lassen, der in wirklich verursacht hat und nicht für alles die Verantwortung zu übernehmen.

150 Setze dich und deine Ware ins rechte Licht.

Du kannst dich nicht darauf verlassen, daß alle deinen wahren Wert von selbst erkennen. Es genügt nicht, daß etwas an sich gut ist, damit es alle beachten und es kennenlernen wollen. Die meisten machen einfach nach, was die anderen vormachen, oder machen, was sie schon immer gemacht haben. Es ist deshalb von großer Wichtigkeit, auf seine Ware aufmerksam zu machen und ihr einen schönen Namen zu geben. Denn durch Loben weckt man die Neugierde. Aber Prahlen und Übertreiben ist dabei fehl am Platz. Es ist immer klug vorzugeben, für die Klugen da zu sein, denn jeder hält sich für klug oder möchte es sein. Deine Ware soll nie als gewöhnlich dargestellt werden. Denn jedem gefällt das Ungewöhnliche oder Besondere. Es schmeichelt seinem Geschmack und seinem Verstand.

151 Nimm dir Zeit zum Planen.

Vorausplanen wird einfacher, wenn du genügend Zeit dafür hast. Für die Vorausdenkenden gibt es keine Zufälle und wenige Unfälle, für den Aufmerksamen wenige unbekannte Gefahren. Sich im voraus um mögliche Gefahren zu kümmern heißt, darin nicht umzukommen. Du sollst nicht das Denken verschieben, bis du tief im Problem steckst, es muß vorher geschehen. Durch wiederholtes Überlegen kannst du selbst die Auswirkungen einer Katastrophe mindern. Nutze die Zeit des Schlafes, um dir über eine Sache klar zu werden. Besser eine Sache überschlafen, bevor man damit beginnt, als nachher von den Alpträumen geweckt werden. Viele handeln zuerst und denken erst nachher. Diese brauchen dann viel Aufwand, um Entschuldigungen zu finden. Diesen Aufwand hätten sie besser in

Auskünfte über die Folgen gesteckt. Um am rechten Weg zu bleiben, mußt du das ganze Leben denken. Vorausdenken und Vorausplanen erlauben dir aber, dein Leben weitgehend so zu gestalten, wie du es willst.

152 Meide Menschen, die dich in den Schatten stellen.

Größere Vorzüge finden größere Verehrung: daher wird der Bessere neben dir immer die Hauptrolle spielen, und dir bleibt nur, was an Wertschätzung übrigbleibt. Der Mond glänzt, solange er allein bei den Sternen ist; kommt die Sonne, wird er unsichtbar. Darum suche die, die dir Glanz verleihen, und meide die, die dich in den Schatten stellen oder deinen Ruf schädigen. Darum meide auf jeden Fall schlechte Gesellschaft. Wenn du jung bist oder du dich noch weiterentwickeln willst, ist der Umgang mit großen Geistern angebracht, um von ihnen zu lernen. Aber als reifer Mensch, wenn du mit deinem Leben und deinem Erfolg zufrieden sein kannst, dann suche dir eine eher mittelmäßige Umgebung aus. Diese wird dir mehr Anerkennung bringen, und du wirst dich wohler fühlen.

153 Hüte dich, eine große Lücke auszufüllen.

Eine große Lücke auszufüllen ist schwer. Es genügt nicht, gleich gut wie der Vorgänger zu sein. Um Eindruck zu gewinnen, mußt du sogar noch besser sein als er. Ein großer Vorgänger hat einen langen Schatten, aus dem es schwierig ist herauszutreten. Nimm solche Positionen nur an, wenn du sicher bist, daß du deinen Vorgänger übertreffen wirst.

154 Sei nicht leichtgläubig und zu schnell verliebt.

Die Reife der Urteilskraft erkennt man an der Schwergläubigkeit. Lügen ist leider die Regel - daher muß Glauben die Ausnahme sein. Wer sich oft überzeugen läßt, muß oft bereuen. Aber unterstelle deinem Gegenüber keine schlechten Absichten. Wer andere stets als Lügner hinstellt, ist meist selbst einer. Richtig ist es, sich Zeit zum Überlegen zu nehmen, Gelegenheiten zum Überprüfen zu suchen und sich mit Urteilen über eine Sache zurückzuhalten. Ebenso ist es unklug, sich leicht zu verlieben. Denn dieses ist eine Lüge in Taten, und diese ist schwerwiegender als eine Lüge in Worten.

155 Werde nur kontrolliert zornig.

Du kannst lernen, deinen Zorn unter Kontrolle zu halten. Es ist nämlich durchaus nützlich zornig zu wirken, besser vorzuspielen, es zu sein. Aber du mußt dabei auch wissen, wenn du zornig wirst, wie weit du gehen kannst und wann du dich wieder beruhigen mußt. Das Aufhören ist schwierig und muß geübt sein. Schauspielpraxis ist dabei sehr nützlich. Leute mit großem Verstand sind klug bei der Anwendung von Dummheiten, zum Beispiel bei allen Leidenschaften. Jede übermäßige Leidenschaft ist unvernünftig. Aber wer trainiert seine Leidenschaften unter Kontrolle halten kann, wird Herr seiner Vernunft bleiben.

156 Suche dir deine Freunde gut aus.

Wähle dir deine Freunde nicht nur aus Neigung, sondern auch mit Verstand und nachdem du sie in Glück und Unglück kennengelernt hast. Obwohl Freunde mit das Wichtigste in einem Leben sind, wird wenig Sorgfalt auf deren Auswahl verwendet. Überlasse die Wahl deiner Freunde nicht der Vermittlung anderer oder dem Zufall. Denn du wirst nach deinen Freunden beurteilt. Freunde werden dir in Wichtigem ähnlich sein müssen. Denn ein Weiser und ein Dummer werden nie Freunde werden können. Manche Freundschaften basieren mehr auf dem Unterhaltungswert als auf dem Vertrauen in die Fähigkeiten des Freundes. Dieses sind unechte Freundschaften. Echte Freundschaften sind ein fruchtbarer Boden für gelungene Gedanken und Taten. Manche deiner Freunde sind Freunde deines Glückes, weniger deiner Person. Ein kluger Freund kann dir viel nützen, ein dummer viel schaden. Du verlierst einen Freund, wenn das Glück es sehr gut mit ihm meint.

157 Studiere die Menschen.

Sich in den Menschen zu täuschen, kommt häufig vor, ist aber immer schlimm. Denn man wird besser im Preis als in der Qualität betrogen. Und es ist besser mit wenigen Menschen, aber den richtigen umzugehen. Deshalb schaue dir die Menschen genau an. Sachverstand und Menschenkenntnis sind zwei verschiedene Fähigkeiten. Menschenkenntnis muß studiert, immer wieder geübt und getestet werden. Das Studium der Bücher ist leichter als das Studium der Menschen.

158 Nutze deine Freundschaften.

Es ist gut, verschiedene Freunde zu haben. Einige sind gut für die Nähe, andere für die Ferne. Mit einigen ist gut zu reden, andere eignen sich vorzüglich für den schriftlichen Gedankenaustausch. Manche Fehler deiner Freunde sind nur in der Ferne erträglich. Nicht nur ergötzen sollen dich deine Freunde, sondern dir auch nützen. Der Freund soll drei Eigenschaften haben: loyal, gut und wahr. Wenige eignen sich als deine Freunde, und es ist schwierig, sie zu wählen. Aber noch wichtiger als sie zu gewinnen, ist es, sie zu erhalten. Auch der älteste Freund ist am Anfang neu für dich. Die besten Freunde werden die, mit denen du schwierige Situationen gemeinsam überstanden hast. Ein Leben ohne Freunde ist öde, Freunde vermehren das Gute und verteilen das Schlimme. Freundschaft ist das sicherste Mittel gegen das Unglück und das verträglichste für deine Seele, um sie zu erleichtern oder aufzurichten.

159 Paare dein Wissen mit Geduld.

Die Wissenden sind oft ungeduldig. Denn wer sein Wissen vermehrt, vermehrt auch seine Ungeduld. Großes Wissen ist nicht leicht und auch nicht schnell zu befriedigen. Paare dein Wissen mit Geduld, damit du ein wahrer Weiser wirst. Die Geduld wird dir auch helfen, die Dummheit in deiner Umgebung zu ertragen. Am meisten leidest du unter denen, von denen du abhängst. Sie helfen dir, Geduld und Selbstüberwindung zu üben. Nur wenn du geduldig wirst, findest du Frieden und das damit verbundene Glück in dieser Welt. Wer nicht geduldig werden kann, muß sich zurückziehen.

160 Wenige Worte - wenig Streit.

Bedenke, was du sagst - aus Vorsicht gegenüber Konkurrenten, aus Anstand gegenüber anderen. Du hast immer die Möglichkeit, zu deiner Rede etwas hinzuzufügen, aber es ist meist unmöglich, etwas zurückzunehmen. Rede nach dem Motto: wenige Worte - wenig Streit. Übe mit unkritischen Themen für wichtige Reden. Bist du leichtfertig beim Sprechen, so bist du leicht zu überwinden, zu überführen, aber auch zu überzeugen. Es ist nützlich, immer etwas Raum für Geheimnisse zu lassen. Denn Geheimnisse haben immer einen Reiz.

161 Trenne dich von deinen Lieblingsfehlern.

Auch du hast einige Lieblingsfehler. Entweder bekennst du dich offen zu ihnen, oder du liebst sie im Geheimen. Meist sind diese Fehler im Geist. Je größer dein Geist, umso größer werden auch deine Fehler sein. Verliebe dich nicht in diese deine Fehler. Sie sind keine Zierde für dich, auch wenn sie dir selbst gut gefallen. Wenn möglich, befreie dich von ihnen, auch wenn es dir schwerfällt. Denn jeder wird immer und sofort auf deine Fehler stoßen und mehr diese als deine übrigen Talente sehen.

162 Besiege den Neid durch Lob und Erfolg.*

Verachtung der Neider ist zwar klug, aber meist zuwenig. Besser ist es, gut von dem zu reden, der schlecht über dich redet. Denn dieses Lob steigert deinen Ruhm. Und die größte Rache, die deine Neider besiegt und martert, ist dein Erfolg und dein Ruhm. Jeder neue Erfolg von dir macht deine Neider stiller, und jeder Ruhm von dir ist eine Höllenqual für sie. Das Glück des Beneideten ist Gift für den Neider. An diesem Gift stirbt der Neid schneller und qualvoller als an allen anderen Mitteln.

163   Durchschaue das Wechselspiel des Glücks.

Unglück für den einen bedeutet oft Glück für den anderen. Darum erhalten Unglückliche leichter die Zuneigung der Mitmenschen, die gutmachen wollen, wovon sie vielleicht profitieren. So passiert es, daß Menschen, die in ihrem Glück von allen gehaßt wurden, im Unglück von allen bemitleidet werden. Der Haß gegen bösartige Hochstehende wandelt sich in Mitleid für die Gefallenen um. Kluge Menschen aber durchschauen dieses Wechselspiel. Sie erinnern sich an frühere Zeiten und gehen den früher Gehaßten auch jetzt aus dem Weg. Denn das Mitleid mit diesen Bösartigen zeugt vielleicht von Edelmut, aber es beleidigt deinen Verstand. Aber wenn sich Menschen durch Schicksalsschläge wirklich geändert haben sollten, so gib ihnen eine zweite Chance, aber keine dritte oder vierte.

164   Teste mit Schein-Vorhaben.

Es ist manchmal nützlich, im Voraus etwas zu testen, vor allem bei unsicherem Ausgang, wenn man nicht genau weiß, ob etwas gelingen oder gebilligt wird. Wenn du mit einem Schein-Vorhaben beginnst und alles gut läuft, dann kannst du leicht daraus Ernst machen oder es beim Nichtgelingen sein lassen. Ein Schein-Vorhaben kann zum Beispiel auch ein Gerücht sein, daß du ausstreuen läßt. Auf diese Weise ist es leicht, die Neigungen zu erforschen und den Boden für sein Fortschreiten zu überprüfen. Dies ist die wichtigste Vorsichtsmaßnahme beim Bitten, Werben oder Regieren.

165 Sei ein fairer Gegner.

Du kannst zu einem Streit gezwungen werden, aber bleib trotzdem fair und ehrlich. Handle so wie du bist, nicht so wie man dich machen möchte. "Wie du mir, so ich dir" und Einhalten der Regeln bestimmen die Fairness des Kampfes. Mit einem fairen Kampf erwirbst du Beifall. Nicht nur durch Übermacht, sondern auch durch Fairness siegst du. Unfair zu siegen ist fast eine Niederlage. Der ehrliche Mensch verwendet keine verbotenen Waffen. Und er nützt früher geschenktes Vertrauen nicht für unfaire Zwecke aus. Jeder Anschein von niedrigem Verrat oder gemeiner Rache schadet deinem Ansehen.

166 Unterscheide zwischen Worten und Taten.

Unterscheide zwischen den Worten und den Taten eines Menschen. Oft ist zwischen dem, was gesagt wird, und dem, was getan wird, ein großer Unterschied. Die Worte müssen die Taten unterstützen, dann haben sie einen Wert. Gutes reden und Gutes tun ist für den rechten Menschen angebracht. Zuerst Gutes tun und dann darüber reden oder noch besser darüber reden lassen, das ist dir nützlich. Schlechte Rede und gute Taten sind erträglich, aber unerträglich sind gute Rede und schlechte Taten. Denn ohne Taten hat man von den Worten gar nichts, sie sind nur heiße Luft. Und von schönen Worten kann man nicht leben, sie eignen sich höchstens, um Papier zu bedrucken.

167 Wehre dich und gib nicht gleich auf.

In schwierigen Situationen sind dein Selbstbewußtsein und dein Mut deine besten Verbündeten. Wer sich zu helfen weiß und sich wehren kann, hat weniger Schwierigkeiten. Du darfst bei Schwierigkeiten nicht gleich aufgeben, denn sonst wird dein Schicksal schnell unerträglich. Viele wehren sich nicht, aber sie können auch die Schwierigkeiten nicht ertragen. Wer seine Schwächen kennt, kann mit Nachdenken seinen Schwierigkeiten entkommen. Denn die Klugheit kann alles besiegen.

168 Hüte dich, zum Narren zu werden.

Jede Mißgestalt der Seele ist häßlicher als die des Körpers. Narren sind Eitle, Eingebildete, Eigensinnige, auf das Ungewöhnliche Ausgehende, Schmeichler, Überspannte, Sture, Possenreißer, Tratschende, Sektierer und Spinner jeder Art. Sie alle werden Narren durch Übertreibung. Aber wer will diesen Mißstand abschaffen? Wenn die Vernunft nicht wirken kann, kann nicht mehr geholfen werden. Denn was die Vernunft kritisiert, nehmen die Narren nur als eingebildeten Beifall für ihr Verhalten an. So bleibt die Narrheit unheilbar.

169 Vermeide Fehler.

Es ist wichtiger, darauf zu achten, daß du nicht einmal danebenschießt, als hundertmal zu treffen. Denn jeder sieht in die verfinsterte, aber niemand in die leuchtende Sonne. Die allgemeine Kritik konzentriert sich immer auf das, was schiefgelaufen ist, und erwähnt kaum das, was gelungen ist. Die üble Nachrede trägt den Ruf des Schlechten viel weiter als der Beifall den Ruf des Guten. Die Böswilligen bemerken die kleinsten Fehler, aber sie übersehen die großartigsten Leistungen. Es ist daher wichtig zu wissen, daß das Böse immer wesentlich mehr Aufmerksamkeit erregt und in Erinnerung bleibt als das Gute und daß es leichter ist, durch Verbrechen berühmt zu werden, als durch Leistung.

170 Habe immer etwas in Reserve.

Dadurch sicherst du deine Bedeutsamkeit. Setze nicht alle Fähigkeiten auf einmal ein. Lege nicht alle Eier in einen Korb und wende nicht alle Kräfte jedesmal an. Auch im Wissen mußt du dir immer noch eine Reserve behalten. Es kann immer noch etwas Unvorhergesehenes kommen, wozu du sie dann brauchen wirst. Und sichere dir einen Platz, wo du bei schlechtem Ausgang Zuflucht nehmen kannst. Die Reserve macht großen Eindruck, weil man sie meistens nicht erwartet hat. Sei klug und gehe mit Sicherheit an deine Vorhaben heran. Wenn du nur die Hälfte deiner Ressourcen einsetzt, wirst du trotzdem viel erreichen und im Verlustfall nicht alles verlieren. So ist die Hälfte oft mehr als das Ganze.

171 Vergeude nicht Gunst.

Große Gönner sind für die großen Gelegenheiten. Ein großes Zutrauen soll man nicht für kleine Dinge in Anspruch nehmen. Damit vergeudest du Gunst. Wenn du für Geringes das Wichtige verbrauchst, was bleibt dir dann für die Zukunft übrig? Zu deinen wichtigsten Ressourcen gehört der Kontakt zu deinen Gönnern und deren Gunst. Und wie alle anderen Ressourcen mußt du diesen Kontakt pflegen und aufrechterhalten, sonst geht er dir verloren. In Notsituationen können deine Gönner hilfreicher sein als dein ganzer Besitz. Ihre Macht kann dein Leben entscheidend mitgestalten, dir helfen, dir aber auch schaden.

172 Lasse dich nicht mit Menschen ohne Hoffnung ein.

Ein Kampf mit jemandem, der nichts zu verlieren hat, ist ein sehr ungleicher Kampf. Dein Gegner tritt sorglos auf, er hat alle Ehre und Scham verlorenen, er ist mit allem fertig und hat nichts mehr zu verlieren. Er wird sich an keine Regeln oder Gesetze halten und bis zum Äußersten gehen. So ein Gegner ist eine schreckliche Gefahr für dich. Er kann dir in wenigen Augenblicken alles zerstören und wird sich unter Umständen auch nicht scheuen, dir sogar das Leben zu nehmen. Je mehr jemand zu verlieren hat, umso fairer wird er versuchen zu kämpfen. Denn er muß nach dem Kampf weiterleben, aber dem Ehrlosen wird es wenig bedeuten, wie das Leben nachher weitergeht. Er hat sein Leben ohnehin schon verloren. Kein Sieg wird das ausgleichen, was du schon verloren hast, nur weil du den Krieg begonnen hast.

173 Sei nicht zu empfindlich.

Wenn du zu empfindlich bist, machst du dir dein Leben unnötig schwer. Wie zerbrechliches Glas drohst du bei jeder Berührung zu brechen. Die Mitmenschen werden dich nicht mögen, und dein Leben wird voll mit vermeintlichen Beleidigungen sein. Jeder Scherz, jede Kleinigkeit wird zur potentiellen Beleidigung. Wer mit dir umgehen muß, muß mit äußerster Behutsamkeit verfahren, alles berücksichtigen, immer deine Miene und Laune beobachten. Wer nur sich selbst liebt, oder schwer krank ist, oder unter hormonellen Umstellungen leidet, wird leicht launisch und überempfindlich. Gesunde Menschen mit Selbstvertrauen sind robust und unempfindlich. So wie der Diamant durch seine Härte geschätzt wird, so werden auch Menschen, die sich nicht durch Kleinigkeiten aus ihrer Bahn werfen lassen, geschätzt.

174 Genieße in Ruhe.

Verstehst du die Sachen einzuteilen und aufzuteilen, dann hast du mehr und länger Genuß in deinem Leben. Viele sind früher mit ihrem Glück als mit ihrem Leben zu Ende. Die Hast und die Häufung der Genüsse verdirbt ihnen das Genießen. Sie möchten in einem Tag verschlingen, was sie kaum im ganzen Leben verdauen können. Sie sind in allem der Zeit voraus, und da sie es so eilig haben, werden sie schnell mit allem fertig. Mäßigkeit läßt dich an mehr Tagen Freude erleben. Ein Genuß, ein schönes Erlebnis pro Tag wird dein Leben reich machen. Drum sei zwar schnell beim Arbeiten, aber langsam beim Genießen. Denn gerne ist die Arbeit beendet, aber ungern der Genuß. Die Vorfreude wird die Freude sein, die am längsten anhält.

175 Wer zuviel verspricht, muß deinen Argwohn erregen.

Menschen mit Charakter haben keine Freude im Umgang mit hohlen, charakterlosen Mitmenschen. Es gibt viele hohle Menschen. Sie sind wie redende Puppen. Sie täuschen und werden getäuscht. Um sie sammeln sich ähnliche Menschen, die sich im gegenseitigen

Unwissen ergötzen und sich gegenseitig loben. Da ihrem Treiben die Wahrheit fehlt, ist ihr Ende meist schmählich. Wie Seifenblasen zerplatzen ihre Werke und Vorstellungen. Unglücklich ist, wer seine Stellung nicht auszufüllen vermag. Nur Wahrheit verleiht wahren Ruhm und auf die Dauer nur Tüchtigkeit Gelingen. Wer zuviel verspricht, muß deinen Argwohn erregen.

176 Suche den Rat der Wissenden.

Ohne Verstand, eigenen oder geborgten, läßt es sich nicht leben. Viele wissen nicht, daß sie nichts wissen. Viele glauben zu wissen und wissen nichts. Dummheit ist unheilbar. Da die Dummen ihren Mangel nicht kennen, suchen sie auch nicht, was ihnen abgeht. Dabei könnten viele klug werden, würden sie nicht glauben, es schon zu sein. So kommt es, daß Quellen des Wissens - obwohl sie selten sind - meistens trotzdem nicht ausgelastet werden, weil nicht genügend Menschen sie um Rat fragen. Wer Rat sucht, zeigt, daß er Größe hat und klug genug ist, ihn auch zu nützen. Wer Vernunft und Rat sucht, wird weniger leicht vom Unglück überrascht werden.

177 Sei nicht zu vertraulich im Umgang.

Zu große Vertraulichkeit sollst du weder geben noch annehmen. Sie nimmt dir die Achtung und die Überlegenheit, die dir die Zurückhaltung gegeben hat. Jede Leutseligkeit bahnt den Weg zur Geringschätzung. Denn menschliche Dinge gelten desto weniger, je häufiger man sie findet. Und die Offenheit der Vertraulichkeit deckt die Unvollkommenheiten auf, die die Behutsamkeit bedeckt hat. Vertraulichkeiten sind mit niemandem außerhalb der eigenen Familie angebracht.

Mit Höherstehenden nicht, weil es zu gefährlich ist, mit Untergebenen nicht, weil es deine Autorität untergräbt. Sich mit der unwissenden, verwegenen Menge einzulassen, ist besonders kritisch. Sie wird die Gunst, die du ihr erweist, gar nicht zu schätzen wissen.

178 Höre auf dein Gewissen.

Dein Gewissen, deine Befürchtungen und deine Träume sagen dir, was dir am wichtigsten ist. Viele sind durch das umgekommen, was sie immer gefürchtet haben. Aber die Furcht nützt dir wenig, du mußt auf Abhilfe sinnen. Oft warnt dich dein Gewissen rechtzeitig genug, daß du das kommende Unglück noch abwehren kannst. Nur wenn du den Übeln gewappnet entgegentrittst, wirst du sie besiegen.

179 Verschwiegenheit ist ein Zeichen der Klugheit.

Nicht jeder darf in dir wie in einem offenen Brief lesen können. Je größer deine Verantwortung, desto größere Geheimnisse werden dir anvertraut. Mit Verschwiegenheit und Zurückhaltung sind große Geheimnisse zu bewahren. Große Selbstbeherrschung ist dazu notwendig. Je mehr deine Geheimnisse wissen, umso wahrscheinlicher ist der Mißbrauch damit. Die Schwierigkeiten bei der Verschwiegenheit sind das ungewollte Versprechen, dir zu widersprechen, um dich herauszulocken, und dich zu necken, um dich zu erhitzen. Sei aufmerksam und halte dich beim Reden zurück. Das, was man tun soll, muß man nicht immer sagen; und das, was man sagen soll, muß man nicht immer tun.

180 Prüfe, was dein Gegenüber will.

Ein Narr wird sich nie wie ein Weiser an seiner Stelle verhalten, denn er sieht die Vorteile nicht gleich. Aber auch ein Kluger wird nicht immer gleich dem Weg folgen, den sein Gegenüber ihm mit Vorteilen vorzeigt, ja oft aufdrängt. Du mußt die Dinge immer aus deiner Warte, aber auch aus der Warte deines Gegenübers überlegen. Und immer nicht nur bedenken, was geschehen wird, sondern auch was geschehen kann. Stelle dich manchmal etwas dümmer als du bist, es wird dir nützen, und du wirst auch Spaß dabei haben.

181 Nicht lügen, aber auch nicht alles sagen.

Nicht immer ist es richtig, alles, und ist es auch wahr, zu sagen. Du kannst dies oft nicht aus Vertraulichkeit gegenüber anderen, aber auch weil es dir schaden würde. Andererseits aber kannst du schon durch *eine* Lüge deinen Ruf der Ehrlichkeit verlieren. Du mußt deshalb lernen, je nach Situation die volle Wahrheit zu sagen oder sie auch nicht zu sagen, allerdings ohne dabei zu lügen. Dies ist schwierig, aber notwendig in vielen Berufen.

182 Sei selbstbewußt,
laß dich nicht einschüchtern.

Die anderen sind auch nur Menschen, traue ihnen nicht zuviel zu und laß dich durch sie nicht einschüchtern. Einige wirken nur aus der Entfernung groß, in der Nähe verlieren sie dann deine Achtung, und du wirst enttäuscht. Es gibt keine Übermenschen, alle haben ihre Schwächen. Manche Ämter geben eine scheinbare Überlegenheit, aber siehst du genauer hin, merkst du, daß dafür oft die geringe Bezahlung kompensiert wird. Die Vorstellungskraft macht vieles attraktiver, als es wirklich ist. Denn sie weiß nicht, wie es ist, sondern gaukelt vor, wie es sein könnte. Darum sei selbstbewußt und laß dich nicht zu leicht einschüchtern. Wenn die Dummen verwegen und die Einfältigen selbstsicher sein können, warum nicht auch die Tüchtigen, Wissenden und Tugendhaften?

183 Sei nicht eigensinnig.

Narrheit ist eigensinnig, und jede radikale Überzeugung ist dumm. Auch wenn du in vollem Recht bist, kann es nützlich sein nachzugeben. Wenn sowieso alle wissen, was richtig ist und dein Schaden klein ist, kannst du deinem Gegenüber gerne diesen Gefallen tun. Du gewinnst mehr durch diese Überwindung, als du durch Hartnäckigkeit gewonnen hättest. Man hört auf, die Wahrheit zu verteidigen, wenn man dafür Gewalt anwenden muß. Es gibt einfach Leute, die aus Eigensinn, Dummheit und Selbstgefälligkeit nicht zu überzeugen sind. Aber nicht nachgeben darfst du vor Gericht und überall, wo dein Nachgeben schwerwiegende Folgen hätte.

184 Sei einfach und herzlich im Umgang.

Zeremonien neigen immer zur Übertreibung. Wer zuviel auf komplizierte äußere Formen Wert legt, wird langweilig. Leider sind ganze Gruppen von Menschen, selbst Nationen davor nicht gefeit. Ihr Wertlegen auf Ehre zeigt, daß diese auf schwachen Beinen steht, sonst würden sie nicht so sehr darauf achten, daß sie verletzt wird. Achtung ist wichtig, aber es genügen einfache Zeremonien, sie zu erweisen. Je wichtiger jemand ist, umso mehr kann er auf Achtungsbezeugungen verzichten. Jede Höflichkeit sollte von Herzen kommen. Wer sich zuviel mit Kleinigkeiten abgibt, erscheint kleinlich.

185 Setze nicht alles auf einen Versuch.

Niemals alles auf *einen* Versuch setzen. Denn versagt dieser, wird der Schaden unersetzlich. Es kann leicht vorkommen, daß etwas nicht gelingt, besonders wenn es das erste Mal ist. Zeit und Gelegenheit sind eben nicht immer günstig. Darum sichere dich mit einem zweiten Versuch ab, den du mit dem ersten abstimmst. Lerne aus den Fehlern des ersten Versuches. Und war dieser erfolgreich, wird mit Verbesserungen der zweite noch erfolgreicher werden. Versagt der zweite, so war schon der erste erfolgreich. So kannst du aus dem Guten das Bessere und aus dem Viel das Mehr machen. Denn es gibt viele Möglichkeiten, aber nur wenige günstige.

186 Imitiere nicht die Fehler und Laster der Großen.

Fehler bleiben Fehler, und Laster bleibt Laster, auch wenn sie modern sind. Auch die Fehler und Laster der Großen sind verwerflich. Helden werden Laster gestattet, aber Laster machen keinen Helden. Da die Großen und Wichtigen ein Beispiel sind, imitieren sie alle. Sogar körperliche Gebrechen kommen dadurch in Mode. Aber bedenke, daß man die Fehler an den Großen gerne übersieht, aber an den Kleinen verabscheut.

187 Gutes selbst tun, das Unangenehme delegieren.*

Angenehmes erwirbt Gunst, das Delegieren wendet Angriffe von dir ab. "Gutes Tun" ist eine sehr angenehme Aufgabe und kommt noch vor "Gutes Empfangen". Aber wer anderen Schmerzen zufügt, dem wird selbst Schmerz zugefügt. Hast du die Wahl, so teile den Lohn selbst aus und laß die Strafe durch eine Mittelsperson zukommen. So wirst du den Haß, der dich trifft, dadurch etwas mildern. Da Haß blind zuschlägt, würde er sonst dich treffen, auch wenn du gar keine Schuld an seinen Ursachen hast. Und das Wählen einer Mittelsperson gibt dir auch noch die Chance - ohne dein Gesicht zu verlieren -, im Extremfall doch persönlich einzulenken. Aber vergiß nicht, deinen Mittler für seine nützlichen Dienste entsprechend zu entlohnen. Ist die Entlohnung angemessen, wird der Dienst gerne getan werden, weil den "Bestraften" seine "Strafe" nicht persönlich trifft.

188 Berichte die guten Nachrichten, meide Kritik.*

Du beweist guten Geschmack, wenn du das Beste kennst, schätzst und vermitteln kannst. Damit hast du guten Gesprächstoff, regst zur Nachahmung an und förderst die Entwicklung von Kenntnissen. Über Schönes und Positives zu berichten, ehrt deine Zuhörer. Andere berichten aber nur Negatives und lieben die Kritik. Sie glauben, mit der Herabsetzung der Abwesenden den Anwesenden einen Gefallen zu tun. Oberflächliche durchschauen nicht, daß sie selbst früher oder später auch Gegenstand der Herabsetzung werden. Wer klug ist, durchschaut diese Spiele und entscheidet sich für das Denken und Berichten des Positiven. Damit hast du langfristig sicherlich die besseren Karten.

189 Durchschaue das Spiel der Macht.

Die Sehnsüchte der anderen sind ein mächtiger Hebel. Die Philosophen predigen die Entbehrung, die Mächtigen nützen sie. Macht nützt die Wünsche der anderen zur Erreichung ihrer Zwecke. Mächtige vergrößern die Wünsche durch künstlichen Mangel und wecken zusätzlichen Appetit. Mächtige wissen, daß die Leidenschaftlichkeit der Sehnsucht ihnen mehr nützt als die Behaglichkeit des Besitzes. Enthaltsamkeit steigert den Genuß, und mit der Schwierigkeit steigt die Gier. Die klügsten Mächtigen erreichen ihren Zweck und erhalten die Abhängigkeit. Durchschaue dieses uralte Spiel der Macht und erkämpfe dir immer wieder deine Freiheit.

190 Überall läßt sich Trost finden.

Kein Unglück ohne Trost. Jede Krise birgt auch neue Chancen. Jeder Schaden hat auch seinen Nutzen. Selbst der Mißerfolg dient noch als gutes Lehrbeispiel. Das Geschirr mit dem Sprung zerbricht zuletzt. Und nichts hält länger als das Provisorium. Der Trost der Dummheit ist, daß sie Glück bringt. Das Schicksal scheint neidisch gegen die wichtigen Leute zu sein, weil es viele von ihnen zu früh sterben läßt. Und viele, die sich unnütz und unglücklich halten, glauben, daß der Tod sie vergessen hat.

191 Laß dich nicht mit schönen Worten abspeisen.

Höflichkeit kann zum Betrug werden. Als Zaubermittel wirkt sie vor allem bei eitlen Menschen. Die Formen der Höflichkeit sind Ehrenbezeugungen, schöne Worte und im Extremfall falsche Versprechungen. Wahre Höflichkeit ist nützliche Pflicht, falsche ist Täuschung und übertriebene ist Betrug. Laß dich nicht mit schönen Worten abspeisen und nicht durch Höflichkeit ausnutzen. Verlange gutes Geld, wo es angebracht ist.

192 In Frieden leben heißt, gut und lange zu leben.

Lasse leben, um zu leben. Die Friedfertigen leben nicht nur, sie überleben gut. Sieh, höre, lerne, aber schweige über das, was dich nicht betrifft. Kehre vor deiner eigenen Tür. Ein Tag ohne Streit läßt dich gut schlafen. Und Einmischung macht keinen Streit kürzer. Wer in Ruhe lebt, genießt in Ruhe. Es ist verkehrt, sich alles, was geschieht, zu Herzen zu nehmen. So kümmere dich um das, was dich betrifft, was wichtig ist für dich und wofür du Verantwortung hast.

193 Nimm keine fremden Probleme an.

Das beste Mittel gegen List ist die Aufmerksamkeit. Denn viele wollen ihre Probleme auf dich abwälzen. Nimm Probleme von anderen nicht bereitwillig an. Durchschaue ihre Absichten und laß es beim *Versuch* bewenden. Sonst wirst du dir deine Finger an ihren heißen Problemen verbrennen.

194 Sei Realist.

Die meisten haben von sich eine hohe Meinung, am meisten die, die am wenigsten sind. Es ist schön, von seinem Glück zu träumen und sich alles zuzutrauen. Die Hoffnung verspricht viel mehr, als die Erfahrung nachher einlösen kann. Die Wirklichkeit wirft die Schwärmer auf den harten Boden der Realität zurück. Klug und realistisch ist es, das Beste zu wünschen, das Schlimmste zu fürchten und gelassen der Zukunft entgegen zu sehen. Es ist geschickt, sein Ziel etwas höher anzusetzen, damit man trifft. Aber zu hohe Ziele anzustreben, ist verwegen und läßt dich leicht scheitern. Vor allem am Anfang eines Projektes oder am Start einer Karriere ist die Gefahr der Überschätzung groß. Wenn du deine persönlichen und beruflichen Möglichkeiten realistisch einzuschätzen lernst, wirst du dich vor vielen Irrtümern bewahren.

195 Nimm alle Menschen wichtig.

Jeder ist in irgendetwas besser als die anderen. Aber jeder kann auch übertroffen werden. Es ist deshalb vernünftig, alle Menschen zu schätzen, weil jeder etwas gut kann und es viel dazu gehört, eine Sache gut zu machen. Du kannst von jedem etwas lernen. Unklug ist es, alle zu verachten, weil man das Gute nicht zu schätzen gelernt hat und einmal vom Schlechten enttäuscht wurde.

196 Erkenne deine Fähigkeiten und nutze sie.

Jeder kann Glück haben. Unglückliche wissen dies nur oft nicht. Einige haben leicht Zutritt zu den Mächtigen, ohne zu wissen warum. Andere erfreuen sich der Gunst der Weisen. Manche erlangen schnell die Sympathie der Menge. Andere machen eine steile Firmen-Karriere. Erkenne deine speziellen Fähigkeiten, nutze sie und verbessere sie. Sie sind entscheidend für deinen Erfolg oder dein Mißlingen.

197 Meide Narren.

Es ist klug, Narren als solche zu erkennen, sich nicht mit ihnen einzulassen und sie zu meiden, auch wenn sie unterhaltsam sind. Sie sind gefährlich im oberflächlichen Umgang und verderblich, wenn du ihnen vertraust. Denn früher oder später schlägt ihre Narrheit zu und wird dich voll treffen. Sie werden nie dein Ansehen mehren, weil sie selbst keines haben. Narrheit und Unglück sind eng verbunden. Nützlich aber sind Narren zur Warnung und um aus ihren Fehlern und Ansichten zu lernen.

198 Wechsle zur rechten Zeit.

Der Prophet gilt wenig im eigenen Land. Das Vaterland schätzt seine hervorragenden Talente nicht. Der Neid findet in der Heimat den günstigsten Boden. Er bemerkt mehr die Mängel des Anfangs als die Größe des Fortschritts. Was an einem Ort gewöhnlich ist, ist herausragend und hoch geschätzt an einem anderen. Alles Fremde und Neue ist attraktiv, weil es selten ist und weil wir nur das fertige Endprodukt und nicht die Schwierigkeiten seiner Entwicklung gesehen haben. Viele hervorragende Menschen waren anfangs in ihrer Heimat wenig geschätzt. Ein Wechsel zur rechten Zeit in die für dich passende Umgebung kann die wichtigste Vorbedingung für deinen Lebenserfolg sein.

199 Handle tüchtig, engagiert und intelligent.

Verschaffe dir einen Platz, weil du klug bist und nicht weil du dich aufdrängst. Der wahre Weg zur Achtung führt über deine Verdienste. Etwas nur richtig machen zu wollen reicht nicht. Und bloßes Bemühen und Fleiß alleine reichen auch nicht. Tüchtiges, engagiertes und intelligentes Handeln führt am sichersten zum Ziel. Um einen Platz in einer Gesellschaft zu behaupten, mußt du diese Vorbedingungen mitbringen, dich aber auch einzuführen verstehen.

200 Erfülle dir nicht alle Wünsche.

Wenn du alle Wünsche erfüllt bekommst, wirst du im Glück unglücklich werden. Es müssen immer Wünsche und Herausforderungen offen bleiben. Denn dein Körper und dein Geist wollen gefordert sein und nach etwas streben. Der Verstand braucht die Neugierde und die Hoffnung belebt. Wer alles hat, ist auch über alles enttäuscht und wird mißvergnügt. Übersättigungen an Glück sind tödlich. Geschicktes Belohnen wird deshalb auch immer Raum zu weiteren Verbesserungen lassen. Wo nichts mehr zu wünschen ist, beginnt die Furcht.

201 Der ist weise, der glaubt, es nicht zu sein.

Zu all den Narren, die du gleich als solche erkennst, kommt noch die Hälfte der Menschen, die eigentlich normal aussehen. Der Narrenkönig hat die meisten Untertanen. Der größte Narr ist der, der es nicht zu sein glaubt, aber alle anderen so nennt. Um weise zu sein, genügt es nicht, daß man es vortäuscht, vor allem sich selbst. Der ist weise, der glaubt, es nicht zu sein. Und der sieht nicht, der nicht sieht, daß alle anderen sehen. Es gibt sehr viele Narren, aber keiner denkt, daß er dazugehört. Die Klugheit scheint gerecht verteilt zu sein, weil sich kaum jemand beschwert, daß er zuwenig davon bekommen hat.

202 Reden und Taten.

Zur besten Rede gehört das ehrenvollste Handeln. Die Rede zeigt deinen Verstand, das Tun dein Herz. Das Sagen ist leicht, das Tun schwer. Die Taten sind die Substanz des Lebens, die Reden sein Schmuck. Taten sind die Frucht des Nachdenkens. Reden schmücken die Weisen, Taten die Helden. Beide können unsterblichen Ruhm erlangen: die einen durch ihr Gedankengut, die anderen durch das, was sie verändert oder geschaffen haben.

203 Erkenne das Großartige deiner Zeit.

Es wird wenig sein. Nur wenige Menschen und wenige Erfindungen oder Entdeckungen haben für ein Jahrhundert wirkliche Bedeutung. Es gibt aber sehr viel Mittelmäßiges. Viele nehmen sich den schmückenden

Beinamen "groß", aber er ist vergeblich, wenn ihre Werke ein bloßer Hauch im Wandel der Zeiten sind. Das Vortreffliche ist selten und teuer, denn es erfordert Vollendung der Vollkommenheit. Umso wichtiger für dein Leben ist es, daß du es erkennst.

204 Nimm das Schwere leicht, das Leichte schwer.

Wenn du das Schwierige leicht nimmst, wird dein Mißtrauen dich nicht feige und zögerlich machen. Und das Leichte schwerzunehmen, verringert zuviel Sorglosigkeit. Wenn man etwas schon für erledigt hält, wird es *nie* getan werden. Aber Eifer, Fleiß und Anstrengung können selbst das Unmögliche noch schaffen. Bei großen Unternehmungen sollst du nicht zuviel grübeln. Da mußt du einfach anpacken und darfst dich nicht durch Schwierigkeiten beirren lassen.

205 Tue, als ob dir nichts daran liege. *

Was du erwerben oder bekommen möchtest, sollst du offiziell eher geringschätzen. Es ist klug, so zu tun, als würdest du verachten, was du eigentlich haben willst. Was du suchst, findest du nur schwer, und wenn du gar nicht daran denkst, dann fällt es dir von selbst in die Hände. Diese Dinge sind wie Schatten: du kannst sie nicht fangen, aber tust du nichts, dann folgen sie dir. Verachtung ist auch eine kluge Rache. Keine Rache ist so scharf wie das Vergessen. Verteidige dich nicht leichtfertig mit Geschriebenem, es hinterläßt Spuren, und du weißt nicht, was damit geschieht. Es ist eine List der Unwürdigen, die Großen anzugreifen, um damit an etwas Ruhm zu gelangen, den sie sonst nie erreichen würden. Das Mittel, um die Hunde zum

Schweigen zu bringen, ist "ruhig vorüberzugehen". Streiten bringt meist nur Schaden, selten Ehre, dem Gegner oft Schadenfreude.

206 Gemeinheit gibt es überall.

Gemeinheit gibt es überall, selbst in den schönsten Gegenden, den besten Familien und großartigsten Organisationen und Firmen. Sehr häufig ist Gemeinheit mit Dummheit und Langeweile gepaart. Dumme Reden, verkehrte Urteile, Schüler der Unwissenheit, Gönner und Patrone der Narrheit und Bundesgenossen des Klatsches und des Nichtstuns wirst du überall vorfinden. Beachte sie nicht und höre nicht auf sie. Aber du mußt sie erkennen, denn sonst kannst du dich nicht von ihnen befreien.

207 Mäßige dich und übe Selbstbeherrschung.

Für unvorhergesehene Fälle ist Selbstbeherrschung nötig. Leidenschaften sind Glatteis für die Klugheit, sie können dich verderben. In einem Augenblick des Zornes, aber auch übermäßiger Freude kannst du dir mehr vergeben als in vielen Stunden gelassener Ruhe. Diese Augenblicke wirst du eventuell dein ganzes Leben bereuen. Fremde Arglist, aber auch Alkohol kann dich in solche Situationen treiben, um sogar den überlegensten Kopf auf das Äußerste zu ärgern. Hier reagiere gelassen. Gegen raschen Angriff ist gelassene Verteidigung angesagt, besonders bei Überraschungen. Die beste Antwort auf Zorn ist Schweigen. Schnell und leichtfertig ist etwas gesagt, was beim Empfänger viel schwerer wiegt als es gemeint war.

208 Denke nicht zuviel.

Einige Menschen werden wahnsinnig, weil sie zuviel denken. Sie sterben, weil sie denken und empfinden. Du wirst ein Narr, wenn du an zu großem Verstand stirbst. Mit etwas weniger denken und über Sorgen grübeln wirst du länger leben. Obwohl viele Narren sterben, bleiben immer noch genug übrig.

209 Löse dich von den allgemeinen Vorurteilen.

Es ist ganz besonders klug, sich von den Vorurteilen und Dummheiten der Allgemeinheit loslösen zu können. Es wird schwieriger sein, als den persönlichen Dummheiten auszuweichen. Zu den allgemeinen Dummheiten gehört, daß niemand mit seinem Schicksal zufrieden ist, und sei es noch so günstig. Daß jeder glaubt, der Klügste zu sein. Daß jeder fremdes Glück beneidet und sein eigenes Glück nicht schätzt. Daß nur das Gestrige oder das Ferne gelobt wird und das Hier und Heute nicht geschätzt wird.

210 Lerne, mit der Wahrheit umzugehen.*

Die Wahrheit kann gefährlich werden und muß doch gesagt werden. Die Anwendung der Wahrheit bedarf der Geschicklichkeit. Manchmal muß sie versüßt werden, vor allem wenn sie Täuschungen zerstört, denn dann ist sie besonders bitter. Man kann die Wahrheit meist auch freundlich sagen. Mit derselben Wahrheit kann man einem Menschen schmeicheln, ihn aber auch zu Boden werfen. Nützlich sind Gleichnisse, wo die Geschichte in einer anderen Zeit oder an einem anderen Ort spielt. Manchmal aber genügt nur ein Wink, und schon wirst du verstanden. Wirst du nicht leicht verstanden, dann gib auf und verstumme, besonders vor den Mächtigen. Sie wollen keine bitteren Wahrheiten. Hier mußt du besonders gut nachdenken, wie du die Wahrheit verpackst, damit am wenigsten Enttäuschungen auftreten.

211 Ein guter Schluß ist die Hauptsache.

Nur im Himmel ist alles Wonne und in der Hölle alles Jammer. In der Welt wechselt das Schicksal. Alles soll und kann nicht nur Glück oder nur Unglück sein. Gleichgültigkeit gegen diesen unvermeidbaren Wechsel ist Klugheit. Die Weisen wird der Wechsel sowieso nicht sehr überraschen. Vieles, auch unser Leben, entwickelt sich. Die Hauptsache ist ein guter Schluß.

212 Gib nicht alles Geld oder Wissen preis.*

Auch die geübtesten Meister und Lehrer behalten einige letzte Feinheiten ihrer Kunst für sich. Nur so erhalten sie ihre Meisterschaft über ihre Schüler. Wenn du die Quelle deiner Lehre oder deines Gebens ausschöpfst, verlierst du die Achtung und reduzierst die Abhängigkeit. Nur wenn du der Bewunderung stets neue Nahrung gibst, bleibt sie erhalten. Die Reserve bei allen Dingen ist wichtig zum Leben, zum Siegen, vor allem in wichtigen Positionen.

213 Richtig widersprechen.*

Widerspruch ist ein kluges Mittel zur Erforschung deines Gegenübers. Es bringt vergedeckte Emotionen hervor, entlockt Geheimnisse und bringt sogar Schweigsame zum Reden. Das kluge Aufgreifen von geheimnisvollen Worten kann die tiefsten Geheimnisse an den Tag bringen. Ein scheinbarer Zweifel läßt dich alles erfahren, was du wünschst. Auch soll der Schüler dem Lehrer widersprechen, damit er aus der Begründung mehr über das Wissensgebiet erfahre.

214 Mache aus einem Fehler nicht viele.

Es kann passieren, daß selbst der Klügste einen Fehler macht. Vor allem wenn er unter Zeitdruck steht und nicht genügend Zeit zum Nachdenken hat. Aber er wird aus diesem lernen. Zweimal denselben Fehler zu machen ist unklug und unnötig. Viele machen aus der Verbesserung eines Fehlers einen noch weitaus größeren Fehler. Oder sie leiten mit einem Fehler eine ganze Kette von Fehlern ein. Vor allem wenn der Fehler eine Lüge war, dann zieht diese gerne weitere Lügen nach sich. So kann die Verteidigung einer schlimmen Sache schlimmer als die Sache selbst werden. So lasse es bei einem Fehler beruhen.

215 Achte auf die versteckte Agenda.

Geschickte Unterhändler stellen ihre wahren Absichten ans Ende einer Verhandlung. Vorher lullen sie dich mit Vorschlägen ein, denen du sicher zustimmen wirst. Je versteckter die Absicht, umso wacher mußt du bleiben.

Die versteckte, heimliche oder zweite Agenda schlägt etwas vor, will aber eigentlich etwas anderes erhalten. Versuche die versteckte Agenda zu durchschauen und sie für deine eigenen Zwecke zu nutzen. Und sprich sie gelegentlich auch aus, um zu zeigen, daß du sie durchschaut hast.

216 Drücke dich deutlich aus.

Eine deutliche und lebendige Ausdrucksweise zeugt von hellem und flinkem Geist. Es nützt dir wenig, wenn du zwar gute Gedanken hast, aber diese nicht klar mitteilen kannst. Manche Redner sind wie große Gefäße mit zu engem Hals. Andere sagen mehr, als sie denken können. Beifall bekommst du nur, wenn du verstanden wirst. Aber du bekommst vielleicht mehr Verehrung, wenn du manches im Dunkeln läßt. Gelegentlich ist es klug, etwas im Dunkeln zu lassen, damit du nicht zu gewöhnlich wirkst. Schlimm ist es, wenn der Redner das nicht selbst versteht, was er vorzutragen hat.

217 Nicht ewig lieben, nicht ewig hassen.*

Liefere dich nicht deinen heutigen Freunden zu sehr aus, sie könnten morgen deine ärgsten Feinde sein. Es geschieht oft, daß Freunde zu Feinden werden, warum nicht auch dir. Fast jede Ehescheidung ist ein treffendes Beispiel dafür. Gib deinen Freunden keine Waffen in die Hand, mit denen sie dann gegen dich den blutigsten Krieg führen können. Sei dagegen immer bereit, mit ehemaligen Feinden wieder Frieden zu schließen. Oft bereuen wir später die früher geübte Rache, und die Freude, jemandem weh getan zu haben, tut uns nun selbst weh.

218 Meide bösartige, eigensinnige Menschen.

Bösartiger Eigensinn hat noch nie zu einer richtigen Entscheidung geführt. Es gibt Leute, oft sehr intelligente, die aus allem einen kleinen Krieg machen. Sie sind wahre Banditen des Umgangs. Alles, was sie ausführen, soll zu einem Siege werden, sie kennen kein friedliches Verfahren. Diese Menschen sind als Führungskräfte verderblich. Sie behandeln alle wie Feinde, auch ihre Kinder und Partner. Alles wollen sie mit ungewöhnlichen Mitteln ausführen, nur auf ungewöhnlichem Weg erlangen. Wenn du sie durchschaut hast, fliehe und meide sie. Du kannst mit ihnen nicht gut auskommen. Aber wenn es genügend Leute tun und der bösartige Eigensinnige genügend geschwächt wird, kannst du dich auch gegen ihn auflehnen. Jeder wird mithelfen, seine Pläne zu stören und ihm Schwierigkeiten zu bereiten.

219 Sei kein Schlitzohr.

Obwohl du es gelegentlich sein mußt, soll man dich nicht für ein arglistiges Schlitzohr halten. Es ist besser, wenn man dich für klug und vorsichtig hält als für listig. Aufrichtigkeit schätzt jedermann, auch wenn sie deinem nahen Umfeld oft weh tut. Aber Aufrichtigkeit und Geradlinigkeit sollen nicht zur Einfalt werden und Klugheit nicht zur Arglist. Es ist besser, als Kluger geehrt als als Schlauer gefürchtet zu werden. Die Ehrlichen und Offenherzigen werden geliebt, aber auch betrogen. Der geschickteste Betrug ist der, der nicht aufgedeckt werden kann. Mit Ehrlichkeit allein wirst du nicht durchkommen, gelegentlich brauchst du in dieser rauhen Welt auch die Täuschung. Strebe den Ruf an, daß du weißt, was du zu tun hast. Dies ist ehrenvoll und erwirbt Vertrauen. Aber hält man dich für ein Schlitzohr, wird dir immer Mißtrauen entgegengebracht werden.

220 Lerne vom Fuchs.

Wer sich nicht mit einer Löwenhaut kleiden kann, der weiche auf den Fuchspelz aus. Gib nach, wo du nicht gewinnen kannst. Wer sein Vorhaben durchsetzt, wird nie sein Ansehen verlieren. Wo die Kraft fehlt, hilft Geschicklichkeit. "Smarter, not harder." Was du nicht mit Tapferkeit erreichen kannst, kannst du vielleicht mit List erreichen. Mehr kannst du mit Geschick als mit Gewalt erreichen. Und die Klugen siegen öfter über die Tapferen als umgekehrt. Wenn du eine Sache nicht erlangen kannst, dann versuche sie zu verachten.

221 Reize nicht und laß dich nicht reizen.

Es gibt Menschen, die finden mit großer Sicherheit alle Fettnäpfchen und treten in jedes hinein. Sie stolpern leicht und fallen immer schwer. Andere haben jeden Tag hundert Probleme, immer schlechte Laune, sind immer gereizt und sind gegen alles. Besonders unangenehme Zeitgenossen sind die, die selbst nichts zuwege bringen, aber mit schlechter Rede andere reizen. Gehe nicht auf sie ein, sie bringen dein Gleichgewicht der Klugheit leicht ins Wanken.

222 Zurückhaltung als Zeichen der Klugheit.

Deine Zunge kann zum wilden Tier werden. Einmal losgelassen, ist sie schwer zu bändigen. Dein Reden offenbart deine Seele, es ist das Fenster zu deinem Herz. Der Kluge ist zurückhaltend und erspart sich dadurch Schwierigkeiten und Probleme.

223 Kein Sonderling sein, auch nicht aus Unachtsamkeit.

Manche haben eine auffallende Gestik. Sie stört den Umgang mehr, als sie auszeichnet. Überprüfe dich einmal vor einer Kamera, ob du auch betroffen bist. Und versuche diese Gebärden abzustellen, sie schmücken dich nicht und rufen meist nur Gelächter und manchmal auch Widerwillen hervor.

224 Sieh die Dinge von der angenehmsten Seite.

Alles hat seine rechte Seite und auch eine Kehrseite. Das Beste und Günstigste verursacht Schmerz, wenn man es falsch anfaßt wie das Messer bei der Schneide. Und das Feindseligste kann zur schützenden Waffe werden wie das Messer, das man beim Griff anfaßt. Jedes Ding kann man unter vielen Aspekten sehen. Suche dir dabei immer die dir angenehmste Seite aus. So findest du bei allem Zufriedenheit, wo andere nur Sorgen sehen. Dieses positive Denken wird dich vor vielen Schwierigkeiten schützen. Denn Sorgen verkürzen dein Leben.

225 Kenne deinen Hauptfehler.

Jeder hat als Gegengewicht zu seinen guten Seiten auch seine Fehler. Hat man seine Fehler erst einmal identifiziert, so ist es leichter, gegen sie anzukämpfen. Beginne dabei mit deinem Hauptfehler und aus der Sicht der anderen. Wenn du den Hauptfehler schaffst, wirst du auch alle anderen leicht ausrotten können.

226 Pflege vielfältige Kontakte zu den Mitmenschen.

Deine Kontakte zu Mitmenschen sind wichtiger, als du glaubst. Die meisten reden und handeln nicht, wie sie sind, sondern wie andere wollen. Sogar zum Bösen werden die meisten von anderen überredet. Das Meiste und Beste, was wir haben, hängt von der Meinung anderer ab. Einige begnügen sich damit, das Recht oder die Vernunft auf ihrer Seite zu haben. Aber ohne Mithilfe deiner Mitmenschen genügt dies meist nicht. Es kostet oft sehr wenig, jemanden für dich zu gewinnen, und ist viel wert. Mit Worten kauft man Taten. Irgendwann kannst du jeden deiner Kontakte gebrauchen. Nur wenn du deine Kontakte pflegst, wirst du sie erhalten können. Bedenke aber dabei auch die Kosten der Kontaktpflege. Sie sollen doch kleiner als der potentielle Nutzen sein.

227 Laß dich nicht nur von einem Eindruck festlegen.

Einige legen sich mit dem ersten Eindruck fest und wollen ihre Meinung dann nicht mehr ändern. Aber wie die Lüge stets vorauseilt, so ist oft auch der erste Eindruck falsch und ein einzelnes Ereignis nicht typisch. Laß dir immer noch Raum für einen zweiten, eventuell auch dritten Bericht oder Vorschlag. Wenn du immer alles gleich glaubst und dich von nur einem Ereignis zu sehr leiten läßt, bist du leicht zu manipulieren. Böswillige werden deine Eigenschaft ausnutzen, dir beim ersten Eindruck bewußt ein falsches Bild zeigen und dich darauf festlegen. Höre dir auch immer genau die Gegenmeinung an. Das zu schnelle Festlegen kann zur Leidenschaft werden und ist unklug.

228 Laß das Schlechte nicht dein Thema sein.

Es ist leicht zu lästern, auf Kosten anderer witzig zu sein und den Ruf anderer zu verderben. Aber der Haß, der dabei entsteht, schürt die Rache. Die anderen schlagen zurück. Und da sie viele sind, werden sie immer gewinnen, auch wenn sie im Unrecht sind. Laß das Schlechte nie deine Freude oder dein Thema werden. Der Verleumder wird ewig gehaßt. Auch wird, wer Schlechtes spricht, stets noch Schlechteres über sich selbst hören müssen.

229 Plane dein Leben.

Es lohnt sich, sein Leben nicht einfach zu leben, sondern zu planen. Plane Ruhephasen und Abwechslung zur Erholung ein. Vielfältige Kenntnisse machen das Leben genußreich. Verbringe einige Zeit mit Ausbildung, studiere, lese Bücher, um das Wissen der Menschheit zu lernen. Nimm dir auch Zeit, um alles Gute in der Welt zu sehen und auch zu tun. Dazu wirst du auch reisen müssen, denn in einem Land ist nicht alles zu finden. Oft findest du das größte Glück, wo du es gar nicht erwartest. Die letzte Zeit widme dir selbst. Nachdenken, Forschen und die kommende Generation beraten sind die größte Glückseligkeit.

230 Die Augen rechtzeitig öffnen.

Nicht alle, die sehen, haben auch die Augen offen, und nicht alle, die blicken, sehen auch. Wenn du zu spät erkennst, was vor sich geht, dann hast du nur noch Zeit zum Bereuen, aber Abhilfe schaffen kannst du nicht mehr. Einige öffnen erst dann die Augen, wenn alles zu spät ist und Hab und Gut verschwunden sind. Verstand ohne Willen ist schwer zu lenken, aber noch schwerer ist es, den Willen ohne Verstand zu beeinflussen. Leute, die nicht sehen wollen, werden zum Spielball und zum Gelächter der Wissenden. Sie sehen oft nicht, weil sie zu taub zum Hören sind. Es wird immer genügend Menschen geben, die sie im Dunkeln lassen, weil sie Nutzen davon haben. Aber unglücklich sind jene, die von diesen sturen Menschen abhängig sind.

231 Zeige nichts Unfertiges.*

Dein Werk kann nur genossen werden, wenn es fertig ist. Alle Anfänge sind roh, und die Erinnerung an das Rohe wird den Eindruck des vollendeten Werkes stören. Die Menschen wollen Fertiges sehen, auch wenn dies sie überwältigt. Ehe eine Sache fertig ist, ist sie meist nichts. Viele Menschen können im Halbfertigen nicht das Endprodukt sehen. Höchstens Fachleute werden dein Werk schätzen können. Die köstlichste Speise kann bei ihrer Zubereitung mehr Ekel als Appetit erregen. Deshalb hüte dich, angefangene Werke der Öffentlichkeit zu zeigen. Mach es wie die Natur und bringe die Dinge erst ans Licht, wenn sie sich sehen lassen können.

232 Eigne dir genügend praktisches Wissen an.

Nicht nur das Denken, auch das Handeln muß sein. Die Gelehrten sind am leichtesten zu betrügen. Sie wissen zwar das Ungewöhnliche, aber sie sind mit dem Alltag nicht vertraut. So werden sie für ihr Fachwissen bewundert, aber auch für Dummköpfe gehalten. Darum ist es klug, genügend praktisches, vor allem auch kaufmännisches Wissen zu haben. Dann wirst du weniger leicht betrogen oder ausgelacht. So wirst du den Alltag gut meistern, was zwar nicht das Höchste, aber doch das Notwendigste in deinem Leben ist. Wozu dient das Wissen, wenn es nicht praktisch ist? Lebensweisheit ist die wahre Weisheit.

233 Suche, was anderen gefällt.

Stelle dich auf den Geschmack deines Partners ein, sonst verdrießt du ihn, anstatt ihn zu vergnügen, oder du langweilst ihn, weil du seinen Geschmack nicht errätst. Was für den einen Schmeichelei ist, ist für den anderen eine Kränkung. Und was als Lob gedacht war, wird als Tadel aufgenommen. Oft kostet es mehr, jemanden zu mißfallen, als es kosten würde, ihm Vergnügen zu machen. Versäumst du zu erforschen, was der andere will, dann verlierst außer dem Geschenk auch den erwarteten Dank. Wer den Geschmack nicht ergründet, kann ihn nur schwerlich befriedigen.

234 Laß Mitschuldige nicht zu Zeugen werden.

Diese Abmachungen sind gut, bei denen beide mit dem Erfolg gewinnen oder beide mit dem Mißerfolg verlieren. Zum Beispiel, daß beide einen Vorteil im Schweigen und einen Schaden im Veröffentlichen haben. Vor allem, wenn deine Ehre auf dem Spiel steht, muß das Risiko gemeinsam getragen werden, so daß jeder von beiden für die Ehre des anderen - wegen seiner eigenen Ehre - Sorge tragen muß. Es ist klug, Abmachungen so zu treffen, daß man sich nie zu 100 Prozent auf seinen Partner verlassen muß. Das Risiko sei gemeinsam und wechselseitig, damit der Mitschuldige nicht zum Zeugen gegen dich werden kann.

235 Bitte zum rechten Zeitpunkt.

Bei einigen ist das Bitten leicht, sie können nichts abschlagen. Bei anderen ist es schwer, sie beginnen immer mit einem Nein. Bei diesen ist Fleiß und Vorbereitung notwendig. Wichtig ist die Wahl des richtigen Augenblicks. Wenn jemand bei fröhlicher Laune ist, gut gegessen und getrunken hat, wird er leichter ja sagen. Die Tage der Freude sind die Tage der Gunst. Trauerzeit ist keine gute Zeit zum Bitten. Bitte auch nicht, wenn kurz vorher jemand abgewiesen wurde. Es ist wahrscheinlich, daß dir das Gleiche passieren wird. Denn ist die Scheu vor einem Nein abgeworfen, wird es leicht ein zweites Mal ausgeteilt. Wem du selbst einmal einen Gefallen getan hast, den sollst du gelegentlich auch um etwas bitten. So kannst du auch gleich testen, ob dieser Partner fair mit dir kooperiert.

236 Gib im voraus, was nachher Lohn ist.

Es ist manchmal klug, die Gunst schon vor dem Verdienst zu erweisen. Die Schnelligkeit des Gebers verpflichtet den Empfänger sehr stark. Denn "Haben" ist besser als "Bekommen". Und was aus Schuldigkeit sowieso gezahlt werden müßte, wird im voraus gezahlt zum Geschenk und stellt den Empfänger in deine Schuld. Dies ist ein feine Weise, eine Schuld umzuschreiben und aus dem Gläubiger den Schuldner zu machen. Allerdings kannst du dies nur mit Menschen machen, auf die du dich verlassen kannst und die ein Gefühl für Verpflichtungen haben.

237 Werde nicht Vertrauter eines Mächtigen.

Es kann dein Verderben bedeuten, wenn du Vertrauter eines Mächtigen wirst. Diese Vertraulichkeit ist keine Gunst, sondern nur der Drang seines Herzens, etwas loszuwerden. Viele zerschlagen den Spiegel, der ihre Häßlichkeit zeigt. Sie mögen den nicht, der zuviel von ihnen weiß. Und der ist besonders ungern gesehen, der etwas Schlechtes von uns kennt. Mit niemandem außerhalb der Familie und des engen Freundeskreises sollte man zu eng verbunden sein, am wenigsten mit den Mächtigen. Für geleistete Dienste kannst du dich rühmen lassen, aber nicht für erhaltene Gunst. Besonders gefährlich sind freundschaftlich anvertraute Heimlichkeiten. Wer dem anderen ein Geheimnis mitteilt, macht sich zu dessen Sklaven. Mächtige werden dies auf die Dauer nicht wollen und sich - vielleicht auch gewaltsam - vom Geheimnisträger trennen. Sie wollen die verlorene Freiheit zurückerhalten, und dazu ist jedes Opfer angebracht. Geheimnisse soll man also weder hören noch sagen.

238 Wisse, welche Eigenschaft dir fehlt.

Viele könnten viel mehr werden, wenn sie nur eine Eigenschaft besser ausgeprägt hätten. Oft ist es nur eine Kleinigkeit, die ihnen im Weg steht. Einige sind zu ernst oder zu unfreundlich, oder es fehlt an Fleiß oder an Mäßigung, oder sie kennen sich in einem Fachgebiet zuwenig aus. Wenn du wenigstens weißt, was dir fehlt, dann kannst du daran arbeiten oder bei mangelndem Fachwissen dafür einen Experten um Unterstützung bitten. Mit Überlegung, Selbstbeherrschung und Training wirst du diese Schwierigkeiten überwinden und dich nicht von einem Fehler oder einer Wissenslücke einengen lassen müssen.

239 Sei nicht spitzfindig.

Nicht spitzfindig sein, sondern klug und vorsichtig. Wer mehr weiß, als notwendig ist, verliert leicht den Blick für das Wesentliche. Schneiden, die sehr scharf sind, werden leicht schartig. Und zu dünne Spitzen brechen leicht ab. Sicherer ist der gesunde Menschenverstand. Bewährtem und Praktischem ist der Vorzug zu geben. Von zwei gleichwertigen Alternativen wähle die einfachere. Habe Verstand, aber sei kein Schwätzer. Umständliche und weitläufige Erklärungen führen gerne zum Streit. Besser ein gesundes Urteil, das nur soweit geht, wie es der Sache angemessen ist.

240 Stelle dich manchmal dumm.

Auch der Klügste sollte dies gelegentlich tun. Dummstellen macht dich beliebter. Es gibt Situationen, in denen das größte Wissen darin besteht, so zu tun, als wisse man nichts. Man soll nicht unwissend sein, aber so tun. Es nützt wenig, weise bei den Dummen und klug bei den Narren zu sein. Rede zu jedem in seiner Sprache. Nicht der ist dumm, der sich dumm stellt, sondern der, der an der Dummheit leidet.

241 Neckereien und Scherze erdulden, aber nicht machen.

Es ist höflich, gute Miene zu Scherzen und Neckereien zu machen. Aber es ist klug, selbst keine Neckereien oder Scherze zu machen, denn sie können leicht Verwicklungen bringen. Wer in fröhlicher Gesellschaft wegen eines Scherzes zornig wird, wirkt wie eine Bestie. Viele Scherze und Neckereien haben einen hohen Unterhaltungswert, und große Wahrheiten entspringen aus einem Scherz. Es beweist Größe, wenn du sie erträgst. Wer sich getroffen fühlt, wird noch zu mehr reizen. Am sichersten ist, die Neckerei zu ignorieren oder ihr geschickt auszuweichen. Oft sind gefährliche Streitereien aus Neckereien entstanden. Bedenke, bevor du einen Scherz beginnst, daß es großer Geschicklichkeit dazu bedarf und du genau wissen mußt, wie weit du gehen kannst.

242 Führe das Begonnene zu Ende.

Einige verwenden alle Kraft auf den Anfang und vollenden nichts. Sie erfinden, aber führen nichts aus. Sie erwerben nie Ruhm und Achtung, weil sie nichts hervorbringen. Es bedarf der Geduld, etwas zu vollenden. Der Geduldige wird mit den Problemen fertig, den Ungeduldigen machen die Probleme fertig. Andere sind an einer Sache nur interessiert, solange es Probleme zu lösen gibt. Aber statt den Sieg über das Problem auszukosten, lassen sie die Sache dann liegen. Sie beweisen, daß sie könnten, aber nicht wollen. Ist das Unternehmen gut, warum wird es nicht vollendet? War es schlecht, warum hat man damit angefangen? Der Kluge erlegt sein Wild und begnügt sich nicht damit, es aufgejagt zu haben.

243 Sei schlau, ehrlich und erfahren.

Nichts ist leichter, als einen naiven, ehrlichen Menschen zu betrügen. Wer nicht lügt, glaubt viel. Wer nie betrügt, vertraut allen. Oft wird man eher wegen seiner Herzensgüte als wegen seiner Dummheit betrogen. Zwei Menschentypen sind schwer zu betrügen: die Erfahrenen, die haben aber zuviel Lehrgeld dafür bezahlt. Und die Schlauen, die lassen die Fremden das Lehrgeld zahlen. Der Kluge muß so geschickt im Abwehren sein wie die Schlauen im Angreifen. Keiner sei so gut und naiv, daß er andere dazu verlockt, schlecht zu werden. Ehrlichkeit mit Erfahrung und Schlauheit zu paaren, das ist wahre Klugheit.

244 Zahle mit gleicher Münze zurück.

Einige verstehen es, die empfangene Gunst als eine gegebene darzustellen. Zum Beispiel gestatten sie es anderen, ihnen Geld zu geben. Oder sie verwischen zumindest den Eindruck, wer jetzt wirklich der Nutznießer einer Sache sei. Sie kaufen das Schönste und Beste nur für ihr Lob. Aus ihrem Wohlgefallen machen sie eine Ehre, und sie machen eine Schuldigkeit aus dem, wofür sie eigentlich sehr dankbar sein sollten. So raffiniert diese Methode auch ist, so leicht ist ihr beizukommen. Zahle einfach mit gleicher Münze zurück. So behält jeder, was er hat.

245 Schmeichelei nützt dir weniger, als sie dich kostet.

Originelle Gedanken zu äußern und anders zu reden als die Menge ist ein Zeichen eines überlegenen Geistes. Schätze den nicht, der dir nie widerspricht. Denn dieser zeigt, daß er nicht dich liebt, sondern nur sich selbst. Laß dich nicht durch Schmeichelei täuschen. Sie nützt dir weniger, als sie dich kostet. Es ist ehrenvoll, wenn dich einige tadeln. Besonders wenn es Menschen sind, von denen sowieso die meisten nichts halten. Es muß dich nachdenklich machen, wenn deine Sachen allen gefallen. Denn das Besondere ist nur für wenige.

246 Beantworte nur die Fragen, die gestellt werden.

Beantworte nur die Fragen, die gestellt werden. Gib nie dem Rechenschaft, der sie nicht gefordert hat. Tue nicht mehr, als nötig ist. Sich vor dem Anlaß zu entschuldigen heißt sich anklagen. Unnötige Entschuldigungen erwecken das Mißtrauen. Medizin in gesunden Tagen zu nehmen, wird dich krank machen. Löse nur bestehende Probleme. Repariere nur, was wirklich kaputt ist. Befriedige keine Bedürfnisse, die nicht vorhanden sind.

247 Laß dich nicht mit Arbeit überladen.

Gute Muße ist besser als Arbeit. Alle haben gleichviel Zeit, und du kannst entscheiden, was du damit machst. Es macht dich gleichermaßen unglücklich, ob du dein Leben mit zuviel Routinearbeit ausfüllst oder mit zuviel wichtigen Tätigkeiten. Laß dich nicht mit Arbeit überladen. Du hast dann nichts vom Leben, vereinsamst und erstickst deinen Geist. Aber in nützliches Wissen und in nützliche Kontakte zu investieren lohnt sich fast immer. Denn du lebst schlecht, wenn du nichts weißt und isoliert bist.

248 Vertraue nicht auf Menschen ohne eigene Meinung.

Es gibt Leute, die geben stets dem zuletzt Gehörten recht. Diese Menschen hast du nie gewonnen, denn so schnell, wie du sie gewinnst, verlierst du sie auch. Jeder kann sie mit seiner Farbe färben. Sie sind schlechte Vertraute und Verbündete. Ihr ganzes Leben lang bleiben sie wie Kinder. Weil sie keine eigene Meinung haben, wanken sie stets zwischen Verurteilen und Lieben, Meinen und Wollen. Beuge bei dir selbst vor, indem du der zuletzt gehörten Meinung denselben Stellenwert wie all den früher gehörten Meinungen einräumst und dir eine eigene Meinung bildest.

249 Fange nicht mit dem Schluß an.

Einige beginnen die Arbeit mit Nichtstun und schieben alles bis zum Ende auf. So bringst du sie nie zu Ende. Zuerst soll immer das Wesentliche kommen, und erst dann, wenn noch Zeit ist, das Nebensächliche. Andere triumphieren schon, bevor sie gekämpft haben. Andere lernen zuerst das Unwesentliche und wollen dann das Wichtige und Nützliche am Lebensende nachholen. Andere wollen Hochhäuser bauen und wissen nicht einmal, wie sie das Fundament legen sollen. Du sollst zwar dein Ziel immer vor Augen haben, fange aber nicht mit dem Schluß, sondern rechtzeitig mit dem ersten Schritt an.

250 Wie du mit Boshaften richtig umgehst.*

Mit der Bosheit mußt du verkehrt reden. Anstelle von "ja" sagst du "nein" und umgekehrt. Der Tadel der Boshaften ist als Lob und ihr Lob als Tadel zu nehmen. Was sie herabsetzen, wollen sie besitzen. So bedenke, daß nicht alles Lob gute Nachrede ist. Denn manche werden, um die Guten nicht zu loben, auch die Schlechten loben. Und wer niemanden für schlecht hält, der hält auch niemanden für gut. Wer nicht gelegentlich verachtet, den sollst du auch nicht achten.

251 Die richtige Anwendung der Mittel.

Man wende die menschlichen Mittel an, als ob es keine göttlichen Mittel gäbe und die göttlichen Mittel, als ob es keine menschlichen Mittel gäbe.

252 Sei weder ganz Egoist noch ganz Altruist.

Du mußt manchmal für andere leben und manchmal für dich selbst. Jedes Extrem würde zur Unterdrückung führen. Wenn du nur für dich lebst, wirst du deine ganze Umgebung unterdrücken. Da du in nichts nachgibst, werden alle anderen nachgeben müssen. Dies wird auf die Dauer nicht gutgehen, weil du zuviel Widerstand herausforderst. Und wer immer nur für die anderen lebt, wird unglücklich. Denn dein Amt macht dich zum Sklaven. Du hast dann keine Zeit mehr für dich, sondern wirst der Diener aller. Es mag dich ehren, wenn dich jeder aufsucht. Aber wenn du klug bist, kommst du drauf, daß man nicht dich als Menschen sucht, sondern jeder nur seinen Vorteil in deinen Diensten oder deinem Wissen. Im rechten Mittelmaß liegt das erstrebenswerte Ziel. Versuche manchmal für andere da zu sein, damit diese wieder für dich da sind. Und etwas egoistisch zu sein, damit du von den anderen nicht ausgenutzt wirst und du deine Kraft behältst.

253 Geheimnisvolles würzt den Vortrag.

Viele schätzen etwas nicht mehr, wenn sie es total durchschaut haben. Sie wollen immer noch etwas Unbegreifliches, um es zu verehren. Soll etwas geschätzt werden, so muß der Erwerb zumindest etwas Mühe kosten. Es bringt dir mehr Ruhm, wenn du nicht ganz verstanden wirst. Wenn es dir gelingt, stets etwas weiser und klüger zu scheinen als die Menschen, mit denen du zu tun hast, wirst du eine hohe Meinung gewinnen. Dabei aber nicht übertreiben, ein bißchen genügt. Kluge schätzen zwar den Verstand des Vortragenden, aber die Mehrheit läßt sich gerne blenden. Wer mit dem Verstehen schon Schwierigkeiten hat, wird kaum zum Tadeln kommen. Viele loben und wissen nicht, warum sie loben. Oft ist es das Geheimnisvolle, Unverständliche, das sie beeindruckt. Und sie loben, weil andere loben.

254 Kleines Übel - großer Schaden.

Nimm auch kleine Mißstände ernst, denn sie können mit anderen zusammen großen Schaden anrichten. Behebe sie sofort. Denn so wie sich die Glücksfälle häufen, so tun es auch die Unglücksfälle. Die Unglücklichen werden gemieden und die Glücklichen gesucht. Man wecke nicht das Unglück, wenn es schläft. Ein kleiner Fehltritt scheint oft unbedeutend, aber der folgende Fall kann bodenlos sein. Aber auch bei Unglücksfällen kannst du überleben. Entweder mit Klugheit oder mit Geduld.

255 Tue Gutes - wenig, aber oft und unregelmäßig.

Wer anderen einen kleinen guten Dienst erweist, gibt ihm eine Chance, sich auch revanchieren zu können. Wer viel gibt, gibt nicht, sondern verkauft und verursacht eine große Schuld, die vielleicht nicht bezahlt werden kann. Der Empfänger wird diesen Kontakt abbrechen, weil er ihn nicht aufrechterhalten kann. Du wirst Freunde verlieren, wenn du sie zu reich beschenkst. Denn niemand hat gerne stets seinen Wohltäter vor Augen. So können aus Freunden leicht Feinde werden. Aber kleine Geschenke erhalten die Freundschaft. Große Klugheit ist, zu geben, was wenig kostet, aber sehr begehrt ist, wodurch es kostbarer erscheint. Aber gib nichts regelmäßig. Denn das Regelmäßige wird erwartet und hat keinen besonderen Wert mehr.

256 Meide Leute, die dir Schwierigkeiten machen können.

Es gibt viele Unhöfliche, Eigensinnige, Arrogante und Narren jeder anderen Art. Es ist klug, ihnen nicht zu begegnen, sie nicht aufzusuchen und sich nicht von ihnen verführen oder reizen zu lassen. Wenn du dir das jeden Tag fest vornimmst, dann wird es dir auch gelingen. Es bedarf dieses Vorsatzes, sonst kommst du leicht mit ihnen in Streit. Unser Weg im Umgang mit Menschen ist deshalb so schwierig, weil es viele Klippen gibt, an denen wir Schiffbruch erleiden können. Das Sicherste ist, sich von den Klippen fernzuhalten. Denn was du nicht siehst oder hörst, das kann dich auch nicht verführen oder reizen. Kluges Wegsehen gepaart mit Höflichkeit erspart dir viele Schwierigkeiten.

257 Laß es nie zum offenen Bruch kommen.

Es schadet auch dir immer, wenn du es zum Bruch kommen läßt. Wenn dir auch wenige Menschen nützen werden, so können dir alle schaden. Jeder Feind ist einer zuviel. Die Mächtigsten können von den Kleinsten gestürzt werden. Jede offene Feindschaft wird von den heimlichen Feinden mitgenutzt. Aus zerbrochenen Freundschaften werden die schlimmsten Feindschaften. Da Freunde die fremden Fehler gut kennen, werden sie als Feinde diese zum Schaden des Gegners verwenden. Die Zuschauer werden immer beide Streitenden verdammen, entweder wegen Unbedachtsamkeit am Anfang oder wegen Hartnäckigkeit im Verlauf, auf jeden Fall aber wegen Unklugheit. Ist aber der Bruch unvermeidlich, so wähle den langsamen Rückzug und laß die Beziehung einfach langsam abkühlen, ohne daß jemand sein Gesicht verliert.

258 Trage ein Unglück nicht allein.

In Gefahrensituationen ist es klug, nicht allein zu sein, damit nicht alles Widerwärtige dich alleine trifft. Wenn du glaubst, allein vorangehen zu müssen, dann wird dich vor allem aller Tadel treffen. Suche dir einen Partner zur Seite, der dir dein Übel tragen hilft und dich auch entschuldigen kann. Wo mehrere sind, greifen das Unglück und die Menge nicht so leicht an. Mache es wie der kluge Arzt und hole bei kritischen Entscheidungen ein zweite Meinung ein. Teile mit einem Partner Erfolg, Kraft und Last. Denn allein leidet es sich schwer.

259 Komme Beleidigungen zuvor.

Es ist klüger, Beleidigungen zu vermeiden, statt sie zu rächen. So kann es besonders geschickt sein, einen Vertrauten aus dem zu machen, der dein Konkurrent war. Und sich auch durch die verteidigen zu lassen, die einmal deine Gegner waren. Es ist viel wert, wenn man andere für sich gewinnen kann. Wer für dich Danksagungen machen muß, hat schon keine Zeit, dich zu ärgern. Es ist hohe Kunst, Unlust in Vergnügen zu verwandeln und selbst dem Übelwollen ein Wohlwollen abzugewinnen.

260 Sei niemandem hörig, mache niemanden hörig.

Weder Liebe noch Verwandtschaft noch Freundschaft, noch die größte Schuld sollen dich total von jemandem abhängig werden lassen, denn nie werden zwei

Menschen denselben Willen und dieselben Wünsche haben. Die engste Verbindung muß ihre Ausnahmen haben und zum Beispiel auch irgendetwas verbergen dürfen. So verlange auch nie, daß jemand, und seien es auch deine eigenen Kinder, von dir allein total abhängig ist. Beziehungen entstehen durch ständiges Geben und Nehmen, und dies setzt den freien Willen dazu voraus.

261 Führe Falsches nicht zu Ende.

Manche glauben, auch etwas Falsches zu Ende führen zu müssen, nur weil sie einmal damit begonnen haben. Obwohl sie in ihrem Inneren schon längst die Dummheit erkannt haben, halten sie äußerlich noch immer daran fest. Das Falsche anzufangen, war unvorsichtig, es aber zu Ende zu führen, ist Narrheit, die dich ins Verderben stürzen kann. Weder das unüberlegte Versprechen noch eine falsche Entscheidung sind Grund genug, etwas Unsinniges zu beenden. Es ist klug und ehrenvoll, unsinnige Unternehmungen rechtzeitig abzubrechen.

262 Vergessen können.

Es ist ein großes Glück, wenn man vergessen kann, was man vergessen soll. Was man am ehesten vergessen soll, daran erinnert man sich am leichtesten. Das Gedächtnis verläßt uns dann, wenn man es am meisten braucht, und belästigt uns, wenn wir es am wenigsten wünschen. Man muß deshalb das Gedächtnis erziehen und es mit den Dingen beschäftigen, die uns nützlich sind und uns erfreuen. So heilt eine neue Liebe am besten die Schmerzen der vergangenen Liebe.

263 Du mußt nicht alles selbst besitzen.

Vieles genießt man mehr, wenn man sich es ausborgt. Denn nur den ersten Tag hast du an einem Besitz uneingeschränkt Freude. Die meiste Zeit werden andere davon Nutzen haben. Fremde Sachen genießt man doppelt. Erstens wegen des Reizes der Neuheit und dann, weil man sich nicht um den Erhalt sorgen muß. Alles schmeckt besser, wenn man hungrig ist. Der Besitz der Dinge vermindert nicht nur unseren Genuß, sondern er vermehrt auch unseren Verdruß. Sowohl beim Ausleihen als auch beim Nichtausleihen machst du dir mehr Feinde als Freunde. So besitze nur das, was du selbst häufig brauchst. Davon hast du täglich etwas, und du brauchst es niemandem auszuleihen.

264 Bleibe wachsam.

Manchmal erwischt es dich unvorbereitet. Mut, Klugheit, Verstand, ja sogar Schönheit werden dann auf die Probe gestellt, wenn es dir am wenigsten paßt. Der Tag der Nachlässigkeit oder des sorglosen Vertrauens kann der Tag deines Sturzes werden. Vorsicht fehlt da, wo sie am nötigsten wäre. Und das Nichtdrandenken ist der Beginn des Untergangs. Es kann auch List sein, dich dann zu prüfen, wenn du es am wenigsten erwartest und am wenigsten vorbereitet bist. Denn wenn du vorbereitet bist, wird dein Verhalten nicht ganz so sein, als wenn du nichts von deiner Prüfung weißt. Drum gehe nur gepflegt aus dem Haus. Du weißt nie, wen du treffen wirst. Und mache deine Hausaufgaben rechtzeitig, damit du nicht auf kaltem Fuß erwischt wirst. Und lerne wichtige Fakten auswendig, damit du nicht auf Unterlagen oder auf eine Vorbereitung angewiesen bist.

265 Herausforderungen mobilisieren Kräfte.

Herausforderungen können unwahrscheinliche, ja übermenschliche Kräfte wecken. Es müssen gar nicht immer extreme Situationen sein wie das Hineinwerfen ins Wasser, das aus Nichtschwimmern Schwimmer macht. Die Gelegenheit zur Tätigkeit, das Annehmen von Schwierigkeiten, ungewöhnliche Probleme schaffen Wissen und entwickeln Fähigkeiten, die sonst in der Untätigkeit verlorengegangen wären. Als Führungskraft sollst du die Gaben deiner Mitarbeiter erkennen, sie durch Herausforderungen benutzen und üben lassen.

266 Zuviel Güte wird Gefühllosigkeit.

Wer sich über nichts mehr aufregt, wird aus lauter Güte zum Unmenschen. Unempfindlichkeit und Unengagiertheit entstehen nicht immer aus Faulheit, manchmal ist es einfach Unfähigkeit. Zur rechten Zeit mußt du dich wehren können, deine Meinung sagen können und auch zornig werden können. Denn nur in der Abwechslung entsteht Leben, und guter Geschmack wechselt süß mit sauer ab. Das Süße ganz allein wird nur von Kindern geschätzt. Es ist übel, wenn du aus lauter Güte in Gefühllosigkeit versinkst und dich damit schuldig machst.

267 Gehe geschickt mit den Worten um.

Pfeile durchbohren den Leib, unfreundliche Worte die Seele. Worte vermögen sehr viel, sie können sogar töten. Es ist klug, wenn man gut versteht, den Atem mit

Worten zu nutzen. Vieles kann man mit Worten bezahlen, und mit Worten kann man Unmögliches erreichen. Mancher Atem kann sehr weit wirken. Wer seine Worte versüßen kann, kann sie damit sogar seinen Feinden schmackhaft machen. Um liebenswürdig zu sein, ist das Hauptmittel, friedfertig, freundlich und positiv gesinnt mit den Menschen zu reden und umzugehen. Ein freundliches, lachendes und sonniges Gesicht sagt viel über dich.

268 Lies zuerst die Gebrauchsanweisung.

Der Kluge tut gleich das am Anfang, was der Dumme erst nach vielen Fehlversuchen dann gezwungenermaßen am Ende tut. Wenn du die Gebrauchsanweisung am Anfang sorgfältig liest, ersparst du dir viele Umwege. Du wirst dann schnell und sicher und mit Freude dein Werk zu Ende bringen, während der Dumme immer noch herumexperimentiert.

269 Nutze das Neusein aus.

Zwei Vorteile hat jeder, der neu ist. Erstens wird er am Anfang geschätzt, und zweitens darf er am Anfang Fragen stellen und Fehler machen, die jedem anderen nicht verziehen würden. Jeder Neue wird geschätzt werden, wenn er eine Veränderung zum Positiven verspricht. Das Mittelmäßige, das neu ist, wird mehr geschätzt als das Vollkommene, an das man sich gewöhnt hat. Aber dein Bonus hält nicht lange. Ist die Hitze der Neuheit vorüber, kühlt die Leidenschaft schnell ab. Schon nach drei Tagen bist du bei engem Kontakt nicht mehr neu. Und schon nach 100 Tagen erwartet die Öffentlichkeit, daß du sichtbare Ergebnisse deines Handelns vorweisen kannst.

270 Nimm den Geschmack der Menge ernst.

Was vielen gefällt, sollst du nicht allein verwerfen. Etwas Gutes wird daran sein, was viele erfreut. Obwohl man es vielleicht nicht erklären kann, so wird es offenbar genossen. Wer anders als die Menge ist, wird als Sonderling nicht geliebt. Und wenn er sich irrt, macht er sich sogar lächerlich. Beim Abweichen bringst du eher dich in Verruf als die Sache, die du nicht verstehst. Kannst du das Gute nicht nachempfinden, so schweige und verdamme nicht die Sache schlechthin. Schlechter Geschmack kommt meist von der Unwissenheit. Was alle sagen, gilt (leider), oder es wird gelten.

271 Wähle als Laie das Sicherste.

Wenn du von einer Sache nicht allzuviel verstehst, dann entscheide dich für die sicherste Alternative. So wird man dich zwar nicht für einen Top-Fachmann, aber doch für gründlich und verantwortungsvoll halten. Der Experte kann etwas riskieren, denn er kennt die Gefahren. Aber wer wenig weiß und sich der Gefahr aussetzt, sucht freiwillig sein Verderben. Wer sich an das Bewährte, Anerkannte hält, wird zwar eher mittelmäßig, aber nie schlecht abschneiden. Wer die Gegend nicht kennt, kommt auf der Autobahn am schnellsten voran, auch wenn sie gelegentlich verstopft ist. Sicherheit anzustreben ist klug, aber es wird dich nie zu Spitzenergebnissen führen.

272 Sei großzügig zu ehrenvollen Menschen.

Unter Höflichen bringt es mehr, großzügig als eigennützig zu sein. Was du schenkst, gibst du nicht, sondern du leihst es nur zu besten Zinsen. Dem ehrenvollen Beschenkten kommt ein Geschenk teurer als der Kauf. Denn er zahlt doppelt: den Wert des Geschenkes und den der erwiesenen Gunst. Aber dies gilt nicht für Menschen ohne gutes Benehmen. Denn sie verstehen nicht die Sprache der Höflichen.

273 Stelle dich auf die Motive deiner Partner ein.

Gehe auf die Charaktere deiner Partner ein und mache dir immer ihre Absichten klar. Denn erst wenn die Ursache, das Motiv klar ist, verstehst du auch die Wirkung. Der Schwermütige sieht die Unglücksfälle, der Boshafte die Verbrechen eher voraus. Aus ihren speziellen Blickwinkeln sehen sie die möglichen Übel besser. Von einem Leidenschaftlichen wirst du selten die Wahrheit erfahren. Aus ihm spricht die Neigung und Stimmung, aber nicht die Vernunft. Du mußt lernen, das Ungesagte zu hören, die Sprache des Körpers, vor allem des Gesichtes zu verstehen, um die Stimmung der Seele richtig zu interpretieren. So hüte dich vor Menschen, die immer oder nie lachen. Wer immer nur fragt, will zuviel von dir. Du brauchst Übung, um die Motive der Menschen zu verstehen, besonders wenn du die Menschen in anderen Ländern verstehen willst.

274 Mit Sympathie geht alles leichter.

Sympathie ist ein großer Zauber, alles geht leichter, wo sie vorhanden ist. Mit ihr erwirbst du zuerst die Zuneigung und in Folge auch Vorteile. Es reicht nicht zum Erfolg, wenn du zwar Verdienste vorweisen kannst, aber dabei nicht auch sympathisch wirkst. Denn nur die Gunst verleiht dir Beifall. Sympathie ist dir von Natur aus mitgegeben, aber sie kann von dir verbessert werden.

275 Agiere mit Leichtigkeit, aber ohne Leichtsinn.

Mache dich nicht immer nur wichtig und ein wichtiges Gesicht. Willst du die allgemeine Zuneigung gewinnen, mußt du auch die Feierlichkeit ablegen können. Mische dich gelegentlich unter die fröhliche Menge, aber verletze dabei nie den Anstand. Wer öffentlich als Narr gilt, wird nicht insgeheim für klug gehalten. Du kannst an einem leichtsinnigen Tag die Früchte eines ganzen, ernsthaften Lebens verlieren. Wer sich immer ausschließt, verdammt die anderen. Ziere dich nicht. Dies paßt nicht zu gestandenen Menschen. Am menschlichsten wirkst du, wenn du dich als Mensch gibst.

276 Passe deine Lebensart an dein Alter an.

Dein Wesen ändert sich mit dem Alter. Es heißt, daß du mit jedem neuen siebten Jahr eine neue Stärke dazu gewinnst. Beobachte diesen natürlichen Wechsel und hilf ihm auch nach. Es ist tröstlich zu denken, daß auch andere sich im Laufe der Zeit weiterentwickeln werden. Auch jedes Amt, jeder Beruf wird dich verändern. Du merkst es selbst nicht immer, aber andere, die dich lange nicht gesehen haben, werden dich darauf hinweisen. Im Laufe deines Lebens kommen: der Verstand und die Neugierde, die Eitelkeit und der Genuß, der Mut und die Kraft, die Geduld und Ausdauer, die Schlauheit und Klugheit, die Treue und zum Schluß der Verfall.

277 Richtiges Image, richtiges Auftreten, richtiges Feiern.

Feiere deine Erfolge angemessen. Jeder hat seine hervorragende Zeit. Diese muß ausgenutzt werden, denn nicht jeder Tag bringt Siege. Es gibt Menschen, bei denen schon die kleinen Erfolge sehr und die großen dann riesig glänzen. Gelingt es, Ausgezeichnetes richtig darzustellen, dann hat es die Aufmerksamkeit aller. Das prunkvolle Image füllt Mängel aus, ergänzt manches und gibt allem mehr Bedeutung, besonders wenn es eine solide Grundlage hat. Es ist eine Kunst, ein prunkvolles Image richtig zu gestalten. Je nach den Umständen werden verschiedene Mittel angebracht sein. Es gibt aber auch ungeeignete Zeiten für prunkvolles Auftreten. In jedem Fall ist Angemessenheit, wenig Zierde und Mäßigung angesagt. Manchmal ist Schweigen oder nur ein kurzes Auftreten am wirkungsvollsten. Und eine Schau, die nach und nach immer mehr zeigt, wird eindrucksvoller sein als ein plötzliches Überhäufen. Gestatte der Fantasie immer noch eine Steigerung.

278 Nichts übertreiben.

Durch Übertreibung werden selbst Tugenden zu Fehlern. Übertreibung macht aus dir einen Sonderling. Sonderlinge werden einsam. Übertreibung verleiht dir Spitznamen. Sogar die Schönheit kann übertrieben werden. Alles, was grell auffällt, kann beleidigen. Auch durch Laster versuchen einige aufzufallen. Aber es wird ihnen dadurch nur Schande zuteil und keine Ehre. Selbst zuviel Weisheit wird Spitzfindigkeit und zuviel Verstand Geschwätz. Der richtige Weg liegt in der Mitte.

279 Widersprich nicht dem Widersprecher.*

Du mußt erkennen, warum dir jemand widerspricht. Denn Widerspruch ist oft ein Kunstgriff, um dich in eine Falle zu locken. Der Widerspruch aus List soll dich verleiten, der aus Gemeinheit dich verderben. Vor allem Spione wollen so dein Schweigen brechen. Gegen das Eindringen in deine Geheimnisse ist Schweigen oder "Kein Kommentar" die beste Antwort.

280 Im Zweifel tue trotzdem das Richtige.

Es gibt viel Ungerechtigkeit. Verträge werden laufend gebrochen, und für die besten Dienste gibt es den schlechtesten Lohn. Völker bringen einander um, und Menschen werden zu Bestien. Aber nimm dir die Schlechtigkeit anderer nicht zum Beispiel. Sie ist eine Warnung. Laß dich in deiner Redlichkeit nicht erschüttern und tue, was richtig ist. Bei allen Wirren, vergiß nicht, wer du selbst bist.

281 Schätze den Beifall von Weisen.

Für einige ist nur die Menge, aber nicht die Qualität des Beifalls ausschlaggebend. Das laue Ja eines außerordentlich klugen Menschen ist mehr wert als der allgemeine Beifall. Denn sein Lob ist begründbar und wird lange anhalten. Es ist allerdings riskant, das Urteil eines Weisen zu suchen. Denn vielleicht mußt du dich auch davor fürchten.

282 Erhöhe deinen Ruf durch Entfernung.

Nähe vermindert den Ruhm, Entfernung vermehrt ihn. Die großen Menschen verlieren durch Berührung ihren Glanz. In der Nähe sieht man mehr die Äußerlichkeiten als die wahre, innere Größe. Die Einbildungskraft geht weiter als die Sehkraft. Der Betrug kommt meist durch die Ohren und wird durch die Augen entlarvt. Wer sich von seinen Anhängern etwas zurückgezogen hält, behält seinen Ruhm.

283 Gute Erfindungen machen.

Ein Mensch kluger Erfindungen zeigt übersprudelnden Verstand, der manchmal fast an Wahnsinn reicht. Hochbegabte erfinden, Kluge wählen nur aus. Es ist schwierig, gute Erfindungen zu machen. Nur wenige werden damit ihrer Zeit und den Mitmenschen vorauseilen können. Ist die Neuheit gelungen, trägt sie zum Guten bei. Sie verdient den Beifall.

284 Mische dich nicht ein.*

Wer sich nicht einmischt, wird auch nicht gekränkt oder geärgert. Wer nicht zudringlich ist, der wird auch nicht abgelehnt und zurückgesetzt. Wer geachtet sein will, muß sich selbst achten. Sei eher geizig als verschwenderisch mit deiner Anwesenheit. Wer verlangt wird, wird gut empfangen. Komme nicht ungerufen, gehe nicht hin, wenn man dich nicht schickt. Selbst der gebetene Vermittler in einem Streit lädt beim Mißlingen allen Haß auf sich. Er wird selbst bei gelungener Vermittlung wenig Dank ernten. Sei auf keinen Fall ein ungebetener Vermittler. Beschämung und Verachtung sind dir sicher.

285 Stirb nicht durch fremdes Unglück.

Sieh dir genau an, wer dich um Hilfe ruft. Ist es jemand, der dich erst wieder kennt, seit es ihm schlecht geht? Bringst du dich bei der Hilfeleistung in eine Gefahr, der du selbst nicht mehr entkommen wirst? Es bedarf großer Vorsicht und großen Wissens, um richtig helfen zu können.

286 Geschenke und Schulden nehmen dir Freiheit.

Je mehr du jemandem schuldest, umso eher wirst du sein Sklave. Wenn du allen etwas schuldest, bist du der Sklave aller. Bedenke, ob die Freiheit nicht wichtiger als das Geschenk ist, für das du sie eintauschst. Wer mehr besitzt, kann eher geben; die anderen müssen eher empfangen. Der einzige Vorzug des Herrschens ist, daß man mehr Gutes erweisen kann. Sei vorsichtig und halte es nicht nur für Gunst, wenn du etwas erhältst. Vielleicht ist es nur List, dich abhängig zu machen.

287 Nicht in Leidenschaft handeln oder entscheiden.

Denn dadurch kann alles verdorben werden. Wer außer sich ist, kann nicht für sich handeln oder entscheiden. Die Leidenschaft setzt die Vernunft außer Kraft. Suche dir für diese Situationen einen vernünftigen, das heißt nicht betroffenen und leidenschaftslosen Vermittler. Stets sehen die Zuschauer mehr als die Spieler, nur weil sie weniger leidenschaftlich sind. Sobald du merkst, daß du außer Fassung gerätst, ziehe dich zurück. Ein unbedachter Augenblick in zorniger Hitze kann dir ein ganzes Leben lang Reue und Schmerz einbringen.

288 Pragmatisch handeln, die Gelegenheiten nutzen.

Unser Handeln, unser Denken, alles muß sich nach den Umständen richten. Begehre nur das Mögliche. Man wolle, wenn man kann. Denn der günstige Zeitpunkt und die gute Gelegenheit vergehen, sie warten nicht. Gehe im Leben - außer bei der Moral - nicht von allgemeinen Gesetzen und Regeln aus, die immer gelten müssen. Handle pragmatisch. Beschränke deinen Willen nicht auf eine Sache. Denn vielleicht wirst du morgen lieben müssen, was du heute verachtest. Der Kluge richtet Steuer und Segel nach den Winden und behält doch sein Ziel im Auge.

289 Leichtsinn schadet dir.

Schwächen ziehen jeden - selbst aus großer Macht und Würde - auf den Boden des Menschlichen herab. Leichtsinn schadet deinem guten Namen. Leichtsinn steht im Gegesatz zur Klugheit. Besonders alte leichtsinnige Menschen verlieren alles Vertrauen. Wer sich beherrschen kann, wird für mehr, wer sich gehen läßt, für weniger, als er ist, gehalten.

290 Glücklich, wer zugleich geachtet und geliebt wird.*

Wenn du zu sehr geliebt wirst, ist deine Achtung gefährdet. Denn Liebe ist frecher als Haß. Zuneigung und Verehrung lassen sich nur schlecht vereinen. Zwar sollst du nicht zu sehr gefürchtet sein, aber auch nicht zu sehr geliebt. Die Vertraulichkeit der Liebe drängt die Achtung zurück. Es ist besser, mit Hochachtung geliebt zu werden als aus Leidenschaft. Glücklich ist, wer von ausgezeichneten Menschen zugleich geliebt und geachtet wird.

291 Es ist schwierig, Menschen zu beurteilen.

Die Aufmerksamkeit des Klugen muß die Zurückhaltung des Vorsichtigen aufwiegen können. Nur ein großer Verstand kann in einen fremden Kopf eindringen. Es ist wichtiger, über die Menschen Bescheid zu wissen, als Fachwissen zu haben. Über die Menschen zu lernen, gehört zu den scharfsinnigsten Beschäftigungen im Leben. An der Rede, aber noch mehr an seinen Taten erkennst du einen Menschen. Um einen Menschen fair zu prüfen, bedarf es außerordentlicher Behutsamkeit, tiefer Beobachtung, scharfsinniger Auffassung und eines richtigen Urteils. Es ist nahezu unmöglich, aufgrund eines Ereignisses allein einen Menschen zu beurteilen. Am gerechtesten wird dein Urteil, wenn du dich in die Rolle und das Leben eines Menschen versetzen kannst.

292 Du mußt über deinem Beruf stehen können.

Deine persönlichen Eigenschaften müssen wichtiger als deine beruflichen Fähigkeiten bleiben und nicht umgekehrt. So hoch deine Position auch sein mag, stets muß deine Person sich ihr überlegen zeigen. Ein Mensch von Wert wird sein Amt ausfüllen, und das Amt wird mit ihm wachsen. Wenn du deinem Amt nicht gewachsen bist, wird es dich erdrücken, und du wirst immer weniger werden. Du wirst in allen schwierigen Ämtern viel Selbstvertrauen und Größe brauchen.

293 Reife ruht im Gleichgewicht der Lebenserfahrung.

In dem Maß, in dem die Jugend schwindet, soll die Reife eintreten. Reife zeigt sich im Äußeren, im Benehmen, im Denken und Handeln. Moralische Reife macht einen Menschen wertvoll, so wie Gold seinen Besitz mehrt. Die Reife verbreitet über alle Fähigkeiten einen gewissen Anstand und erregt Hochachtung. Der Anstand ist die Fassade der Seele. Reife besteht nicht aus Ernst und Starrheit, sondern ruht im Gleichgewicht des erfahrenen Schicksals, der Autorität. Der reife Mensch redet wenig und handelt zur rechten Zeit. Es bedarf der Zeit und der vielfältigen Erfahrung, um zu reifen.

294 Sieh die Dinge aus der Warte deines Gegners.

Jeder sieht alles aus seiner Warte und urteilt zu seinem Vorteil. Für seine eigene Ansicht hat man immer viele Gründe bereit. Es ist klug, wenn bei einem Streit die Vernunft der Leidenschaft weichen kann. Wenn zwei sich streiten, glaubt immer jeder im Recht zu sein. Es ist klug, seiner eigenen Meinung manchmal zu mißtrauen und die Streitsache aus der Gegenseite zu betrachten. Du wirst dann weniger hart über das Verhalten deines Widersachers urteilen. Du wirst in deinem Leben sehr viel dazulernen und profitieren, wenn es dir gelingt, die Vorteile im gegnerischen Vorschlag wahrzunehmen.

295 Tue und lasse die anderen darüber reden.*

Je geschäftiger einer zu sein vorgibt, umso weniger hat er wirklich zu tun. Viele machen aus allem ein Geheimnis, zu allem eine wichtige Miene. Sie wollen Beifall bekommen, erhalten aber dann doch nur Spott. Eitelkeit ist überall widerlich, hier aber wird sie verlacht. Zeige deine größte Tüchtigkeit am wenigsten vor. Begnüge dich mit dem Tun und lasse die anderen darüber reden. Gib dich der Vollendung deiner Taten hin, rede selbst nicht zuviel darüber. Es ist wichtiger, effektiv zu sein, als so zu scheinen. Besteche keine Journalisten, damit sie dich loben. Deine wahren Leistungen werden in jedem Fall weiterleben.

296 Besitze *eine* hervorragende Eigenschaft.

Es ist das Zeichen von Größe, wenn du mindestens in einer Sache hervorragend bist. Eine einzige hervorragende Eigenschaft wiegt viele mittelmäßige auf. Je mehr du allerdings davon hast, umso überragender wirst du sein, und je besser deine Werkzeuge sind, umso hervorragender werden deine Taten sein können.

297 Handle stets so, als würdest du gesehen.

Es ist klug anzunehmen, daß die Wände hören können und böse Taten immer irgendwann ans Tageslicht kommen werden. Auch wenn du allein bist, handle so, als würde die ganze Welt dir zusehen. Wenn schon nicht die ganze Welt dir zusieht, so sind es doch die Nachbarn und die, denen es die Nachbarn weitererzählen.

298 Kreativität, Intelligenz und Geschmack.

Zusammen sind sie ein großes Geschenk für einen Menschen. Kreativität ist wichtiger als Wissen. Es ist ein großer Vorzug, wenn du intelligent bist. Noch besser ist es, richtig zu denken und die Einsicht des Guten zu haben. Der Verstand muß die Oberhand haben und dein Handeln bestimmen. Das richtige Urteil ist die Frucht der Vernunft. Im zwanzigsten Lebensjahr herrscht der Wille, im dreißigsten der Verstand, im vierzigsten die Klugheit. Erst der gute Geschmack gibt dem Leben seine Gestalt.

299 Etwas Hunger lassen.

Das Begehren ist das Maß der Wertschätzung. Was es im Überfluß gibt, wird nicht geschätzt. Höre mit den Essen auf, bevor du ganz satt bist. Gut und wenig, das ist doppelt gut. Überfüllung im Vergnügen ist gefährlich, selbst das Schönste und Höchste wird dadurch zum Ekel. Selbst die Wiederholung wird nicht mehr so geschätzt wie das erste Mal. Ein mühsam erkämpfter Erfolg erfreut doppelt.

300 Menschlichkeit, Gesundheit und Klugheit.

Die Menschlichkeit ist das gemeinsame Band aller guten Eigenschaften, der Mittelpunkt aller Glückseligkeit. Die Menschlichkeit und die Tugend machen klug, aufmerksam, bedachtsam, weise, tapfer, behutsam, redlich, glücklich und ehrlich. Die Menschlichkeit ist die Sonne der kleinen Welt, ihre Welt ist das gute Gewissen. Die Menschlichkeit macht die Lebenden liebenswürdig und die Verstorbenen unsterblich. Fähigkeiten und Größe sollen nach Tugend und nicht nach Glück bemessen werden. Drei Dinge machen den Menschen glücklich: Menschlichkeit, Gesundheit und Klugheit.

Register

1. Wende die Regeln der Klugheit an.
2. Entscheide mit Verstand und Gefühl.
3. Schweigen, Vertrauen, Geheimnisse.
4. Wissen und Können.
5. Verlasse dich nicht auf die Dankbarkeit.
6. Strebe nach Vollkommenheit.
7. Besiege nicht deinen Chef.
8. Sei leidenschaftslos.
9. Meide die Fehler deines Volkes.
10. Glück und Ruhm.
11. Suche dir Menschen, von denen du lernen kannst.
12. Natur und Kunst.
13. Listen gegen die Bosheit.*
14. Gutes Benehmen macht dein Leben leichter.
15. Suche dir die richtigen Berater.
16. Wissen und Absicht.
17. Verwirre durch Abwechslung.*
18. Fleiß und Geist.
19. Übermäßige Erwartungen sind unerfüllbar.
20. Alles hat seine günstigste Zeit.
21. Gewinne dein Glück.
22. Praktisches Wissen und Humor sind wichtig.
23. Verwandle deine Schwächen in Vorteile.
24. Laß dich nicht von Illusionen beherrschen.
25. Höre aufmerksam zu.
26. Finde die Leidenschaften eines jeden.*
27. Qualität und Quantität.
28. Ergötze dich nicht am Beifall der Menge.*
29. Ehrlichkeit und Klugheit.*
30. Rühme dich nicht geheimer Künste.
31. Die Glücklichen und die Unglücklichen.*
32. Großzügigkeit schafft dir Ansehen.
33. Lerne klug nein zu sagen.
34. Fördere deine Talente.
35. Denke am meisten über das Wichtigste nach.
36. Nutze die Gunst der glücklichen Stunde.
37. Lerne mit Beleidigungen umzugehen.

38. Mäßige dich im Glück.
39. Erkenne die Reife.
40. Versuche bei allen beliebt zu sein.
41. Übertreibe nicht.
42. Natürliche Autorität.
44. Die Sympathie zwischen großen Menschen.
45. Handle überlegen und schlau.*
46. Bändige deinen Haß und deine Vorurteile.
47. Meide Verpflichtungen und Streit.
48. Hohle Menschen sind langweilig.
49. Scharfsinn und Urteil.
50. Achte dich selbst.
51. Verstehe zu wählen und das Beste zu wählen.
52. Laß dich nicht aus der Fassung bringen.
53. Eile mit Weile.
54. Wehre den Anfängen.
55. Nimm dir die Zeit zum Verbündeten.
56. Geistesgegenwart und Herausforderungen.
57. Mit Bedächtigkeit auf der sicheren Seite.
58. Tue nicht mehr, als gefordert wird.*
59. Bedenke am Anfang das Ende.
60. Die Besten in Führungspositionen.
61. Größe durch Vollkommenheit im Wesentlichen.
62. Suche dir gute Mitarbeiter.
64. Vermeide Übel, gehe dem Verdruß aus dem Weg .*
65. Verfeinere deinen Geschmack.
66. Erst wägen, dann wagen.*
67. Suche dir einen geschätzten Beruf.
68. Besser anregen, als erinnern.
69. Rede nicht nach, was dir vorgesagt wird.
70. Die Kunst, richtig abzulehnen.
71. Sei konsistent.
72. Zeige Entschlossenheit.
73. Ziehe dich mit Geist aus der Schlinge.
74. Sei zugänglich, nicht arrogant.
75. Suche dir Vorbilder.
76. Scherze nicht zuviel.
77. Paß dich an.
78. Ohne Hast, mit Vorsicht voran.*
79. Heiterkeit.
80. Erkundige dich selbst, überprüfe die Medien.

81. Ständige Erneuerung und Abwechslung.
82. Alles mit Maß, nichts übertreiben.
83. Kleine Fehler machen dich sympathisch.
84. Ziehe Nutzen aus deinen Gegnern.
85. Du verlierst durch zuviel Gewinnen.
86. Wehre dich sofort gegen üble Nachrede.*
87. Bildung und Eleganz.
88. Sieh über Unangenehmes einfach hinweg.*
89. Kenne dich selbst.
90. Lange leben.
91. Meide zu gefährliche Projekte.*
92. Klugheit in Allem.
93. Vielseitigkeit.
94. Sei bekannt, aber immer für eine Überraschung gut.*
95. Zeige nicht alles sofort und auf einmal.*
96. Höre auf dein Gewissen.
97. Erwirb und erhalte dir einen guten Ruf.
99. Sein und Schein.
100. Frei von Vorurteilen
101. Alles hat sein Publikum.
102. Sei vorbereitet, großes Glück zu verdauen.
103. Sei ein König in deinem Stand.*
104. Die Aufgaben sind verschieden.
105. Halte dich kurz.
106. Prahle nicht mit deinem Amt.
107. Sei nicht selbstzufrieden.
108. Suche dir Freunde, die dich ergänzen.
109. Denke positiv.
110. Warte nicht deinen Sonnenuntergang ab.
111. Mache dir Freunde.
112. Gewinne die Herzen.
113. Im Glück aufs Unglück bedacht sein.
114. Meide Streit.
115. Lerne mit schwierigen Menschen umzugehen.
116. Suche ehrliche Menschen.
117. Rede nicht von dir oder Anwesenden.
118. Sei höflich.
119. Mach dich nicht verhaßt.
120. Paß dich der Zeit an.
121. Nimm nicht alles zu ernst.
122. Imponiere mit Reden und Handeln.

123. Gib dich natürlich.
124. Mache, daß du vermißt wirst.
125. Mache andere nicht schlecht.
126. Laß dich nicht erwischen, aber lerne aus Fehlern.
127. Vertraue auf deinen gesunden Menschenverstand.
128. Visionäres Denken.
129. Rede gut und positiv.*
130. Wert haben und ihn zeigen.
131. Vergib und verzeihe großherzig.
132. Überschlafe wichtige Entscheidungen.
133. Paß deine Klugheit an die Umgebung an.*
134. Besitze Wichtiges doppelt.
135. Neige nicht zum ständigen Widerspruch.
136. Komm in Geschäften schnell zur Sache.
137. Sei dein eigener bester Freund.
138. Warte das Ende von Stürmen im Hafen ab.
139. Beachte die Gunst der Stunde.
140. Finde in allem das Gute.
141. Nicht sich gerne reden hören.
142. Wähle nicht aus Trotz die schlechtere Lösung.
143. Spiele nicht den Sonderling.
144. Verkaufe eigenen Vorteil als fremden.
145. Decke deine Schwachstellen nicht auf.
146. Schaue unter die Oberfläche ins Innere.
147. Höre auf den Rat der Freunde.
148. Sei ein guter Unterhalter.
149. Sichere dich ab.*
150. Setze dich und deine Ware ins rechte Licht.
151. Nimm dir Zeit zum Planen.
152. Meide Menschen, die dich in den Schatten stellen.
153. Hüte dich, eine große Lücke auszufüllen.
154. Sei nicht leichtgläubig und zu schnell verliebt.
155. Werde nur kontrolliert zornig.
156. Suche dir deine Freunde gut aus.
157. Studiere die Menschen.
158. Nutze deine Freundschaften.
159. Paare dein Wissen mit Geduld.
160. Wenige Worte - wenig Streit.
161. Trenne dich von deinen Lieblingsfehlern.
162. Besiege den Neid durch Lob und Erfolg.*
163. Durchschaue das Wechselspiel des Glücks.

164. Teste mit Schein-Vorhaben.
165. Sei ein fairer Gegner.
166. Unterscheide zwischen Worten und Taten.
167. Wehre dich und gib nicht gleich auf.
168. Hüte dich, zum Narren zu werden.
169. Vermeide Fehler.
170. Habe immer etwas in Reserve.
171. Vergeude nicht Gunst.
172. Lasse dich nicht mit Menschen ohne Hoffnung ein.
173. Sei nicht zu empfindlich.
174. Genieße in Ruhe.
175. Was zuviel verspricht, muß deinen Argwohn erregen.
176. Suche den Rat der Wissenden.
177. Sei nicht zu vertraulich im Umgang.
178. Höre auf dein Gewissen.
179. Verschwiegenheit ist ein Zeichen der Klugheit.
180. Prüfe, was dein Gegenüber will.
181. Nicht lügen, aber auch nicht alles sagen.
182. Sei selbstbewußt, laß dich nicht einschüchtern.
183. Sei nicht eigensinnig.
184. Einfach und herzlich im Umgang.
185. Setze nicht alles auf einen Versuch.
186. Imitiere nicht die Fehler und Laster der Großen.
187. Gutes selbst tun, das Unangenehme delegieren.*
188. Berichte die guten Nachrichten, meide Kritik.*
189. Durchschaue das Spiel der Macht.
190. Überall läßt sich Trost finden.
191. Laß dich nicht mit schönen Worten abspeisen.
192. In Frieden leben, heißt gut und lange zu leben.
193. Nimm keine fremden Probleme an.
194. Sein Realist.
195. Nimm alle Menschen wichtig.
196. Erkenne deine Fähigkeiten und nutze sie.
197. Meide Narren.
198. Wechsle zur rechten Zeit.
199. Handle tüchtig, engagiert und intelligent.
200. Erfülle dir nicht alle Wünsche.
201. Der ist weise, der glaubt, es nicht zu sein.
202. Reden und Taten.
203. Erkenne das Großartige deiner Zeit.
204. Nimm das Schwere leicht, das Leichte schwer.

205. Tue, als ob dir nichts daran liege. *
206. Gemeinheit gibt es überall.
207. Mäßige dich und übe Selbstbeherrschung.
208. Denke nicht zuviel.
209. Löse dich von den allgemeinen Vorurteilen.
210. Lerne, mit der Wahrheit umzugehen.*
211. Ein guter Schluß ist die Hauptsache.
212. Gib nicht alles Geld oder Wissen preis.*
213. Richtig widersprechen.*
214. Mache aus einem Fehler nicht viele.
215. Achte auf die versteckte Agenda.
216. Drücke dich deutlich aus.
217. Nicht ewig lieben, nicht ewig hassen.*
218. Meide bösartige, eigensinnige Menschen.
219. Sei kein Schlitzohr.
220. Lerne vom Fuchs.
221. Reize nicht und laß dich nicht reizen.
222. Zurückhaltung als Zeichen der Klugheit.
223. Kein Sonderling sein, auch nicht aus Unachtsamkeit.
224. Sieh die Dinge von der angenehmsten Seite.
225. Kenne deinen Hauptfehler.
226. Pflege vielfältige Kontakte zu den Mitmenschen.
227. Laß dich nicht nur von einem Eindruck festlegen.
228. Laß das Schlechte nicht dein Thema sein.
229. Plane dein Leben.
230. Die Augen rechtzeitig öffnen.
231. Zeige nichts Unfertiges.*
232. Eigne dir genügend praktisches Wissen an.
233. Suche, was anderen gefällt.
234. Laß Mitschuldige nicht zu Zeugen werden.
235. Bitte zum rechten Zeitpunkt.
236. Gib im Voraus, was nachher Lohn ist.
237. Werde nicht Vertrauter eines Mächtigen.
238. Wisse, welche Eigenschaft dir fehlt.
239. Sei nicht spitzfindig.
240. Stelle dich manchmal dumm.
241. Neckereien und Scherze erdulden, aber nicht machen.
242. Führe das Begonnene zu Ende.
243. Sei schlau, ehrlich und erfahren.
244. Zahle mit gleicher Münze zurück.
245. Schmeichelei nützt dir weniger, als sie dich kostet.

246. Beantworte nur die Fragen, die gestellt werden.
247. Laß dich nicht mit Arbeit überladen.
248. Vertraue nicht auf Menschen ohne eigene Meinung.
249. Fange nicht mit dem Schluß an.
250. Wie du mit Boshaften richtig umgehst.*
251. Die richtige Anwendung der Mittel.
252. Sei weder ganz Egoist noch ganz Altruist.
253. Geheimnisvolles würzt den Vortrag.
254. Kleines Übel - großer Schaden.
255. Tue Gutes - wenig, aber oft und unregelmäßig.
256. Meide Leute, die dir Schwierigkeiten machen können.
257. Laß es nie zum offenen Bruch kommen.
258. Trage ein Unglück nicht allein.
259. Komme Beleidigungen zuvor.
260. Sei niemandem hörig, mache niemanden hörig.
261. Führe Falsches nicht zu Ende.
262. Vergessen können.
263. Du mußt nicht alles selbst besitzen.
264. Wachsam bleiben.
265. Herausforderungen mobilisieren Kräfte.
266. Zuviel Güte wird Gefühllosigkeit.
267. Gehe geschickt mit den Worten um.
268. Studiere die Gebrauchsanweisung am Anfang.
269. Nutze das Neusein aus.
270. Nimm den Geschmack der Menge ernst.
271. Wähle als Laie das Sicherste.
272. Sei großzügig zu ehrenvollen Menschen.
273. Stelle dich auf die Motive deiner Partner ein.
274. Mit Sympathie geht alles leichter.
275. Agiere mit Leichtigkeit, aber ohne Leichtsinn.
276. Passe deine Lebensart an dein Alter an.
277. Richtiges Image, richtiges Auftreten, richtiges Feiern.
278. Nichts übertreiben.
279. Widerspreche nicht dem Widersprecher.*
280. Im Zweifel tue trotzdem das Richtige.
281. Schätze den Beifall von Weisen.
282. Erhöhe deinen Ruf durch Entfernung.
283. Gute Erfindungen machen.
284. Mische dich nicht ein.*
285. Stirb nicht durch fremdes Unglück.
286. Geschenke und Schulden nehmen dir Freiheit.

287. Nicht in Leidenschaft handeln oder entscheiden.
288. Pragmatisch handeln, die Gelegenheiten nützen.
289. Leichtsinn schadet dir.
290. Glücklich, wer zugleich geachtet und geliebt wird.*
291. Es ist schwierig, Menschen zu beurteilen.
292. Du mußt über deinem Beruf stehen können.
293. Reife ruht im Gleichgewicht der Lebenserfahrung.
294. Sieh die Dinge aus der Warte deines Gegners.
295. Tue und lasse die anderen darüber reden.*
296. Besitze *eine* hervorragende Eigenschaft.
297. Handle stets so, als würdest du gesehen.
298. Kreativität, Intelligenz und Geschmack.
299. Etwas Hunger lassen.
300. Menschlichkeit, Gesundheit und Klugheit.

Nachwort

Dieses Buch ist keine wissenschaftliche Arbeit. Dazu fehlten mir wichtige Qualifikationen wie gute Kenntnis der spanischen Sprache und die Vorlage von Originaldokumenten. Es ist im wesentlichen eine Übertragung zweier veralteter deutscher Ausgaben in die Lebenspraxis des auslaufenden 20. Jahrhunderts.

Als Quellen dienten die Reclamausgabe 2771 (die Übersetzung von A. Schopenhauer, erschienen zuerst 1862) sowie die Übersetzung von Fr. Kölle, erschienen 1835. Beide Ausgaben unterscheiden sich jedoch stark voneinander. Im Zweifel habe ich Kölles Version bevorzugt, weil sie kürzer und wesentlich einfacher ist.

Ich war großzügig im Ändern und Kürzen der vorliegenden Texte, habe allerdings versucht, viel vom Originalinhalt zu übernehmen. Aber bei manchen Passagen haben sich einfach meine Finger gesträubt. Ich konnte es nicht mit meinem Gewissen vereinbaren, wissentlich Unrichtiges oder sogar Gefährliches weiterzugeben. Im Endergebnis kann ich sagen, daß ich zu den meisten, aber sicherlich nicht zu allen Ratschlägen voll persönlich stehen kann.

Tübingen, im September 1996   Otto Buchegger

Der Autor

Otto Buchegger, geboren 1944 in Oberösterreich, schloß 1968 das Studium der Nachrichtentechnik als Diplomingenieur ab und promovierte 1972 an der Technischen Universität Wien.

Von 1973 bis 1994 hatte er bei IBM Deutschland verschiedene Positionen inne. Er verfügt über viele Jahre Managementerfahrung in der Softwareentwicklung und Ausbildung. Seit 1994 ist Otto Buchegger freiberuflicher Berater für Lebensmanagement und für neue Medien.

Hauptanliegen des Autors ist es, komplexes Managementwissen zu vereinfachen und es für die Ausbildung junger Menschen aufzubereiten.

Dr. Otto Buchegger
Wildermuthstraße 28
D-72076 Tübingen
Deutschland

Tel. (07071) 22 1 99
Fax (07071) 22 1 90
e-Mail: otto.buchegger@student.uni-tuebingen.de

Management-Top-Titel

Don Tapscott
Die digitale Revolution
Verheißungen einer vernetzten Welt – Die Folgen für Wirtschaft, Management und Gesellschaft
1996, 368 Seiten, 68,– DM

„Cyber-Guru" Don Tapscott nimmt in diesem pragmatischen Führer durch die digitale Welt der Zukunft die Chancen, aber auch die Risiken unter die Lupe. Im Zentrum steht die entscheidende Frage: Was bedeutet die neue Technologie für uns und unsere Unternehmen?

Robert Salmon
Alle Wege führen zum Menschen
Durch humanes Management zu dauerhaftem Erfolg
1996, 324 Seiten, 78,– DM

Die Reflexionen des Topmanagers und Zukunftsberaters Robert Salmon über die Entwicklung der modernen Gesellschaft machen deutlich: Nur wenn es Unternehmen gelingt, den Menschen ins Zentrum ihres Tuns zu stellen, werden sie langfristig Erfolg haben.

Charles Handy
Ohne Gewähr
Abschied von der Sicherheit – Mit dem Risiko leben lernen
1996, 224 Seiten, 68,– DM

Laut Management-Guru Charles Handy ist Ungewißheit die einzige Gewißheit in Zeiten unaufhaltsamen Wandels. Unsere einzige Chance besteht darin, neu zu denken, ständig zu lernen und mutig zu experimentieren. Eine faszinierende Reise durch die Welt des Wandels.

Stand der Angaben und Preise: 1.10.1996
Änderungen vorbehalten.

GABLER
**BETRIEBSWIRTSCHAFTLICHER VERLAG DR. TH. GABLER GMBH,
ABRAHAM-LINCOLN-STR. 46, 65189 WIESBADEN**

Weitere Ratgeber

Brigitte Adriani/Ulrich Schwalb/
Rainer Wetz
Hurra, ein Problem!
Kreative Lösungen im Team
2. Auflage 1995,
28 Seiten, 58,– DM

Für alle, die an kreativen Herausforderungen ihre Freude haben, liefert dieser originelle Ratgeber zahlreiche Techniken und Beispiele.

Karl Kubowitsch
Power-Coaching
Wie Sie sich besser vermarkten und mehr Einfluß im Unternehmen gewinnen
1995, 320 Seiten, 68,– DM

Gesundes Ego, klare Ziele, richtiges Handeln – der Weg zu mehr Einfluß im Unternehmen kann sehr direkt verlaufen, ohne daß Sie die Unternehmensziele und die Interessen anderer aus dem Auge verlieren.

Karl-Heinz Anton
Mit List und Tücke argumentieren
Technik der boshaften Rhetorik
1995, 160 Seiten, 58,– DM

Der boshaften Rhetorik, fachmännisch Eristik genannt, ist jedes Mittel recht. Dieser Ratgeber zeigt, wie Sie sich gegen ungerechtfertigte Anschuldigungen und unfaire Argumentation wirkungsvoll durchsetzen.

Zu beziehen über den Buchhandel oder den Verlag.
Stand der Angaben und Preise: 1.11.1996
Änderungen vorbehalten.

GABLER
BETRIEBSWIRTSCHAFTLICHER VERLAG DR. TH. GABLER,
ABRAHAM-LINCOLN-STRASSE 46, 65189 WIESBADEN

MIX
Papier aus verantwortungsvollen Quellen
Paper from responsible sources
FSC® C105338

If you have any concerns about our products,
you can contact us on
ProductSafety@springernature.com

In case Publisher is established outside the EU,
the EU authorized representative is:
**Springer Nature Customer Service Center GmbH
Europaplatz 3, 69115 Heidelberg, Germany**

Printed by Libri Plureos GmbH
in Hamburg, Germany